La belleza es verdad y la verdad belleza.
Es todo lo que necesitas saber en la tierra.

John Keats

Senté
a la belleza
para injuriarla,
pero ebria y sorda se ha dormido
en mis rodillas.

Tomás Salvador González

© Perfecto Andrés Ibáñez, 2026

Dirección editorial:	Héctor Escobar
Director de la colección:	Gustavo Martín Garzo
Fotografía de cubierta:	José Ramón Vega
Diseño de la colección:	Miguel Riera
Maquetación:	Alberto R. Torices

ISBN: 979-13-87753-94-8

Dep. Legal: Le. 154-2026

Impreso en España — Printed in Spain

Perfecto Andrés Ibáñez
La belleza de **juzgar**

De la belleza (37)

Perfecto Andrés Ibáñez

La belleza de **juzgar**

EOLAS EDICIONES

ÍNDICE

¿LA BELLEZA DE JUZGAR?

La justicia nace del dolor

Piero Calamandrei

Si lo permitiera el diseño de la colección, el título llevaría signos de interrogación. En efecto, pues problematizar en este contexto temático la pertinencia del atributo belleza, en lugar de tenerlo por cierto, es algo que me parece imprescindible *ratione materiae*, por motivos históricos y actuales. Y no porque el acto de juzgar deba estar necesariamente cargado de connotaciones negativas. Por el contrario, modo de operar humano por antonomasia, en las relaciones de las personas, dados determinados presupuestos, siquiera sea idealmente, podría traducirse en un ejercicio de comprensión, empatía y estímulo positivo para el sujeto eventual objeto de juicio. Pero esto es algo que, en cambio, no puede predicarse de la clase de actuaciones institucionales, las propias del proceso criminal, que son las que, en lo que sigue, se tomarán como referencia, puesto que forman el juicio por excelencia en el imaginario social. Sin duda, el que más y más negativamente compromete al enjuiciado (y al mismo juez); entre otras cosas, porque constituye un acto de poder, notablemente discrecional en su práctica, particularmente invasivo de ámbitos muy sensibles y puede que incluso destructivo. Aparte de que, es lo cierto, no existe poder bueno *per se*. Pues, en todo poder hay algo de expropiatorio, de violencia larvada y una incontenible tendencia a la autorreferencialidad, a hacer de su propia existencia y de la perpetuación en sus constantes un fin en sí mismo.

Con razón, Aristóteles, en su *Política*, vio en el poder un innato ingrediente de animalidad. Y Montesquieu escribió: «es una experiencia eterna, que todo hombre que tiene poder siente la inclinación a abusar de él, yendo hasta donde encuentra límites». Yo diría —a partir de un conocimiento del asunto, por razón de historia, bastante más *rico* que el que pudo dar base a las justas observaciones del Estagirita y del señor de la Brède— que el poder va regularmente más allá de aquellos. Es por lo que la única posible, siempre problemática bondad predicable de él, sería, en todo caso, la debida a la eficacia limitadora y racionalizadora del régimen de garantías que, en una sociedad bien regulada, tendría que moderar y contrapesar, de manera efectiva, con valores, traducidos en reglas de derecho y *de derechos*, todas las vertientes de su ejercicio. En particular, la represiva, porque «el poder punitivo puede herir tanto como las armas de las que defiende» (Dario Ippolito).

En relación con lo que aquí interesa, se debe a Luigi Ferrajoli una penetrante apreciación que, por lo que se sabe, me parece inobjetable: «Si la historia de las penas es una historia de horrores, la historia de los juicios es una historia de errores; y no solo de errores, sino también de sufrimientos y opresiones».

Como se verá más adelante, el juez ha sido siempre un sujeto-instrumento de poder. Durante muchos siglos de poder totalmente sin frenos, el «terrible» de Montesquieu, «odioso» para Condorcet, ejercido en un régimen de absoluta discrecionalidad, con intensas implicaciones políticas. A ello se debe la endémica desconfianza social derivada de la calidad de sus actuaciones. Y es por lo que, a lo largo de los siglos, en la jurisdicción criminal, este sentimiento se tradujo en sucesivos intentos de sustraerle —¡nada menos!— la evaluación de la prueba, es decir, la mismísima responsabilidad del juicio. Es como se dio paso al régimen de las ordalías, con la pretensión de llamar en causa a la providencia para trasladarle ese delicado cometido. Y más tarde, en vista de lo vano del intento, durante los siglos XIII a XVIII, se optó por el conocido como régimen de prueba legal, consistente en predeterminar con carácter general el valor de lo aportado por cada medio probatorio de los admitidos. No habría que decir que este sistema tampoco funcionó y que, por eso, acabó acogiéndose el de libre valoración judicial, generalmente conocido como de «libre convicción». Una opción esta que, en rigor, tendría que haber supuesto la asunción por los jueces de un modo racional de valoración probatoria, pero que, en realidad, se tradujo en la consagración de una libertad omnímoda en la materia, que, debido a su arbitrariedad, ha sido masiva fuente de injusticias. Y sigue siéndolo, en la medida, no desdeñable, en que aún sobrevive en el modo en que muchos jueces entienden el propio oficio y, consecuentemente, en sus prácticas. Por eso, los nuevos textos constitucionales han acabo imponiendo el deber de motivar las resoluciones (incluida, o, sobre todo, lo relativo a la cuestión de hecho). Esto es, de dar precisa cuenta de la apreciación de las aportaciones probatorias, como antecedente del fallo. Se trata de un avance ciertamente relevante, pero necesitado de una potente cultura de soporte que no se improvisa, cuya ausencia o precariedad en no pequeña medida es aún bien evidente. Porque, desde luego, en el caso de nuestro país, los jueces en general deben su *formación* de base a un sistema de selección, las clásicas decimonónicas oposiciones, preparadas en régimen de aislamiento, que no satisface en absoluto las exigencias que la sociedad actual, con su modelo de derecho y con sus conflictos, plantea a los titulares de función tan delicada. Que en esto —desde luego entre nosotros— tiene un problema ciertamente medular, hoy por hoy, creo, de imposible solución.

No obstante, hay que decir que, al menos en términos de modelo, el moderno constitucionalismo ha producido el efecto de una relevante racionalización del ejercicio de la función jurisdiccional. Aunque, realmente, esta sigue estando muy lejos de satisfacer elementales exigencias *de justicia* en el modo de tratar «el problema humano». Esto es —de nuevo Calamandrei— a la persona objeto de sus actuaciones.

Por lo general, ello suele atribuirse a las conocidas disfunciones y rémoras propias de las organizaciones burocráticas, que no diré que no cuenten. Pero la causa última del endémico modo de ser injusta la instancia que nos ocupa, hay que buscarla en el dato de que, el suyo, es poder ejercido en una sociedad radicalmente (y cada vez más) desigual, dirigido a mantenerla en sus constantes, a «gestionar la pobreza», que es como decir a conservar la injusticia. Sobre todo, mediante la represión encarnizada y preferente, marcadamente selectiva, de la delincuencia de subsistencia, es decir, de una clase de acciones desviadas movidas por la necesidad, de cuyas raíces y determinaciones últimas se prescinde, no obstante su esencial relevancia explicativa.

(O de fenómenos como las migraciones, donde la única injusticia reconocible está en su encarnizada persecución, cual si de un delito se tratase). Y sigue habiendo autores como, emblemáticamente, Günther Jakobs y Larry Laudan, que cifran la reducción de tales índices de delincuencia en castigar más (¡porque se castigaría poco!), mediante la drástica reducción de las garantías procesales y el incremento de las condenas y de las penas. Cuando está empíricamente acreditado que, en razón de la calidad e intensidad del móvil de este género de acciones, sus autores resultan prácticamente impermeables a las políticas de ley y orden, por más duras que sean. Cuando se sabe bien que nada tan eficaz como las políticas sociales y las situaciones de pleno empleo, esto es, la reducción de los niveles de desigualdad, para prevenir con eficacia y hacer retroceder tal tipo de criminalidad. Como también se sabe —¡ay!— que, cuanto más alto es su estatus social, los infractores del Código Penal gozan de mayor facilidad para delinquir y más difícil resulta la persecución de sus acciones criminales. Por eso es tan cuestionable la *belleza* del juicio jurisdiccional penal que, como digo, se-

rá aquí objeto de consideración, en sus antecedentes, en su modo de ser actual, en sus protagonistas
y en sus procedimientos.

Las garantías procesales son *de derecho* y, como
tales, se inscriben en el plano jurídico-formal. Así,
con ellas ocurre lo que tempranamente hizo notar
Calamandrei a propósito de las libertades políticas, que, «escritas para todos», su disfrute real solo
está al alcance de quienes gozan de un cierto nivel
renta. De este modo, el sistema penal, incluido el
proceso, con su carácter fuertemente selectivo, no
solo *mantiene*, también contribuye a *potenciar* la
desigualdad. No obstante, si el modelo constitucional de justicia penal, con su exigente línea de
principios, tuviese razonable vigencia en las previsiones del Código y en las prácticas judiciales, tal
efecto perverso, sin dejar de producirse, lo haría en
términos no tan demoledores como real y actualmente lo hace. Pues bien, retomando la reflexión
inicial, diré que esto, que seguiría sin permitir hablar de *belleza* en las relaciones procesales, reduci-
ría, al menos, su altísimo coeficiente de *fealdad*.

Ha escrito Carlo Ginzburg que el ser humano durante milenios fue cazador. Que, operando como tal, en la persecución de innumerables piezas, aprendió a leer en las huellas dejadas por estas, a prever sus movimientos y a anticiparse a ellos para sorprenderlas. Los datos así obtenidos, fruto de una experiencia elemental, escasamente relevantes en una consideración aislada, hábilmente articulados, le permitieron obrar con método. Así, dotando de sentido a sus actuaciones, en adelante, pudo operar en una realidad cada vez más compleja, en función de sus propias necesidades, para tratar de satisfacerlas. Un *modus operandi* que está en lo más profundo de las raíces de *El árbol del conocimiento* estudiado muchísimo tiempo después, en sus bases biológicas, por Maturana y Varela, en el apasionante intento de «conocer el conocer».

Según el diccionario, «conocer» es «averiguar por el ejercicio de las facultades intelectuales la naturaleza, cualidades y relaciones de las cosas». También «entender, advertir, saber…». Por tanto, el tipo de actividad que tiene lugar cuando un sujeto aprehende, capta, mediante los sentidos y el razonamiento, algún objeto que, como tal objeto de conocimiento, obviamente, puede ser también una persona en su modo de obrar en la relación con los demás.

Por esta vía, el ser humano adquiere información sobre su entorno, pero no se limita a hacerlo como mero receptor pasivo, sino que, asimilándola y reflexionando sobre ella, la interpreta, la procesa y la hace útil, esto es, utilizable para sus fines en lo inmediato y, a la vez, instrumento hábil para progresar en la acumulación de saber, ya no solo práctico.

Con Kant puede decirse que el proceso de conocimiento se inicia a partir del saber adquirido sensorialmente a través de la experiencia, luego *iluminado* mediante el ejercicio de la razón, que es la que suministra las categorías que permiten organizarlo y hacerlo productivo. El saber así obtenido, no es simplemente almacenado, sino, más precisamente, organizado, sistematizado, en una dinámica que lo convierte en el punto de partida de nuevas adquisiciones. Así es como el ser humano se encuentra con el mundo, viviéndolo en el intento de sobrevivir en él de una manera productiva, tratando de controlarlo y disponer de los recursos que ofrece, a tenor de sus necesidades.

Paul Ricoeur, reflexionando acerca de la polisemia del verbo juzgar, ha constatado que, en uno de sus sentidos, equivale a apreciar, a evaluar. Por tanto, a una forma de conocimiento utilizable por el sujeto como modo de entender, de hacerse cargo reflexivamente de lo que le sale al paso en su existencia. Así, viviendo, juzga constantemente la realidad natural y social que le circunda atribuyendo nombres y significados a las cosas; categorizando siempre, de forma cada vez más compleja y articulada, lo experimentado y conocido.

La Corte Suprema de México —para evitar el uso del término «juez», supuestamente *machista*, a pesar de que, por su terminación no tiene mar-

ca de género, que la pone el artículo— ha acuñado la disparatada perífrasis «persona juzgadora».
Ciertamente imprecisa y por demás impropia en
ese contexto, no lo sería en el más general de los
imaginables, es decir, de ser usada para referir-
se a cualquier individuo. Porque, en efecto, toda
persona es constitutivamente «juzgadora», ya en
su misma instalación en la realidad. Lo ha escrito Alain: «penser c'est juger», «pensar es juzgar».
Con total propiedad, porque «el juicio es la opera-
ción fundamental del pensamiento». El rasgo defi-
nidor de la esencia íntima de la persona, que tiene
en él la única forma de orientarse en su contexto
de vida.

En el plano epistemológico «juzgar» viene del
griego *krinein*, denotador de esa actividad senci-
lla y primaria propia del agricultor, consistente en
separar el grano de la paja después de la trilla, sir-
viéndose de una criba o cedazo. Algo que asimismo puede hacerse aventando, esto es, confiando
esa acción al viento, por cuyo efecto, el primero,
en razón de su mayor peso caerá en la vertical, fa-
cilitando su recolección, mientras que la segunda
lo hará a cierta distancia.

Usándola como metáfora, la acción del cribado o del beldado, del ámbito del trabajo con cereales, se habría transferido al plano conceptual o cognoscitivo, de la ética y, sobre todo, del derecho. Separar el grano de la paja sería aquí valorar, dirimir, discernir, comprender, diferenciar, jerarquizar, en definitiva, juzgar, en su caso, atribuyendo responsabilidades. Por el procedimiento de verificar relaciones, captar similitudes y diferencias, atribuir méritos o responsabilidades.

En realidad, se ha dicho, en toda afirmación se expresa una valoración o desvaloración, anida un juicio.

El escritor checo, Karel Capek, escribió un relato, *El juicio universal*, cuyo argumento justifica, creo, la evocación en este contexto. Capek cuenta que Kugler, un connotado asesino, falleció en un enfrentamiento con la policía. De este modo se sustrajo al juicio de la justicia terrena, pero no al «Juicio Universal» en el más allá; en su caso, oficiado por tres jueces de profesión, obviamente, también fallecidos. En el desarrollo de la vista, fue llamado a testificar un anciano imponente, ante cuya presencia, para sorpresa de Kugler, los miembros del tribunal se pusieron respetuosamente en pie. Una vez que hubo tomado asiento, lo hicieron también ellos; y el acusado, para incremento de su asombro, oyó decir al presidente: «Testigo, Dios omnisciente, este tribunal le ha convocado a fin de que preste testimonio sobre las acciones de Ferdinand Kugler; y como Sumo Veraz no se le pedirá juramento». Después, dirigiéndose a Kugler, le advirtió: «Sería inútil que mienta, porque él lo sabe todo». De inmediato se produjo la singular declaración testifical, por demás minuciosa, precisa y detallada. El tribunal se retiró a deliberar y, mientras, tanto Kugler como Dios permanecieron en la sala de audiencias; circunstancia que aquel aprovechó para preguntarle a este: —«¿Por qué no he sido juzgado directamente por vos?». Recibiendo como respuesta: —«Yo no puedo juzgar, porque lo sé todo».

Y es que, en efecto, si se juzga, es, buscando superar una situación de incertidumbre, precisamente, para saber y decidir sobre el asunto que la produce y sus efectos. En la clase de supuestos de que aquí se trata, saber sobre la conducta de algún sujeto tenido, en razón de ciertos indicios, por posible autor de una acción delictiva. Con toda lógica, el juzgador ha de ser un sujeto imparcial, libre de prejuicio, lo que supone que no deberá dar nada por sabido, para empezar a conocer, con neutralidad, únicamente en el marco del juicio, según las reglas de este. Tal exigencia está muy bien expresada por el ilustrado italiano Lodovico Muratori, que entendió imprescindible que el juez «esté perplejo para conocer»; reclamando así de él una actitud personal presidida por la previa ignorancia acerca de lo que sería su objeto de conocimiento. Obviamente, se trata de una perplejidad reflexivamente autoasumida como cuestión de método. Algo hoy bastante más necesario que en la época de nuestro autor, debido a la contaminante incidencia de los medios de comunicación con su diluvio de noticias. Cuando se sabe bien que la noticia, por efecto de la manipulación o del sesgo, puede ocultar la verdad de lo sucedido tanto o más que el silencio.

Pues bien, si tal deberá ser la actitud de partida del juzgador, es claro por qué Dios no podría enjuiciar, y no solo en el caso de Kugler. Pero ocurre que, en rigor, ese papel de singular testigo omnisciente estaría asimismo fuera de lugar, técnicamente hablando y en términos de experiencia. Sería incluso autocontradictorio, pues de un testigo nunca podrá predicarse que lo sabe todo, cuando consta que el observador, en su actividad cognoscitiva, debe poner a contribución facultades como su capacidad de percepción y de memoria, cada una de las cuales tiene su dinamismo relativamente autónomo, sus propias limitaciones, en función de variables de difícil sino imposible control. Por eso, la presencia de semejante testigo-Dios produciría igualmente el efecto de hacer saltar la propia lógica del juicio. Porque: ¿para qué jueces tratando de saber, existiendo alguien en plenitud de conocimiento de todo lo que habría que averiguar?

De «juzgar» —en alusión al juicio penal— ha escrito Glauco Giostra que es «una tarea "imposible" y "necesaria". "Imposible", porque carecemos de instrumentos para alcanzar la verdad, o mejor, para tener la certeza de haberla alcanzado, ni siquiera en el campo de la ciencia [...] "Necesaria", porque ninguna colectividad puede permitirse dejar sin consecuencias comportamientos incompatibles con su ordenada supervivencia».

Se trata, por tanto, de una actividad intensamente problemática, en cuanto tiene por objeto modalidades de la conducta humana que, con frecuencia, resultan difíciles de objetivar, de caracterizar en sus rasgos externos, en su modo de presentación en el marco de las relaciones sociales. Y que lo son incomparablemente más aún en la insondable profundidad de sus móviles subyacentes, de sus motivaciones últimas, de los condicionamientos que pudieran haberlas estimulado, de imposible consideración, a pesar de su incuestionable relevancia causal.

Así se entiende que el procesalista Salvatore Satta titulase uno de sus trabajos *El misterio del proceso*. Y que Francesco Carnelutti viera en el proceso penal «un drama». Que lo es, desde luego, en la primera acepción del vocablo, por lo que tiene de representación teatral, de ahí la configuración de la sala de justicia como espacio escénico. Pero, sobre todo, en el sentido de la segunda, ya que lo regularmente escenificado en este ámbito es siempre una vicisitud dolorosa, con frecuencia trágica, capaz de suscitar en quien toma contacto con ella un sentimiento de profunda intensidad emotiva.

Fue el mismo Carnelutti quien subrayó un rasgo caracterizador del proceso-pena que aquí no puede dejarse de lado: es «que no solamente hace sufrir a las personas porque son culpables, sino también para saber si son culpables o inocentes».

Lo que hizo escribir a un Kafka desolado: «sufrir un proceso es ya haberlo perdido».

Esto es algo constatable con la mayor crudeza en el proceso histórico, el vigente entre los siglos XIII y XVIII, conocido como «inquisitivo». En él, según escribiera Foucault no cabía «ser inocentemente objeto de sospecha», presidido como estaba por la idea tremenda de que «la sospecha justa es punible» (Pedro de Castro), de que el merecedor de la condición de sospechoso lo sería *por algo*. De ahí que, en palabras de Franco Cordero, fuese tenido por «depositario de una verdad a exprimir». Tarea esta, confiada a un *perseguidor* que concentraba las dos funciones de investigar y juzgar. Personaje cuya terrible ejecutoria dio el más sólido fundamento a la afirmación de que «quien tiene un acusador por juez, necesita a Dios por abogado» (Gustav Radbruch). Todo en un contexto de fuerte impregnación religiosa, en el que la respuesta al delito era solo un episodio de la lucha contra el mal. Un mal que, por su carácter absoluto, justificaba al respecto el empleo del cualquier medio, incluida naturalmente la tortura como instrumento procesal dirigido a obtener la confesión del imputado. Banalizada además en sus terribles efectos, por la atribución de un teológico sentido medicinal-purificador al sufrimiento; no importa si injustamente infligido, en cuanto siempre computable *en última instancia* en *la otra vida*, como «pena temporal» en la peculiar economía de la salvación.

Desterrada jurídico-constitucionalmente hace varios siglos la práctica de la tortura (con regulares, lamentables ilegítimas supervivencias *de facto*, no obstante, en los centros de detención), lo cierto es que el proceso penal sigue connotado por una intensa eficacia penalizadora. De manera particular en su incidencia sobre los sujetos más débiles, porque al igual que «la serpiente solo muerde a los descalzos» (Eduardo Galeano).

La persecución de los delitos y la administración de justicia tiene su más remoto antecedente en la ley del talión y el ejercicio de la venganza privada a cargo del ofendido, como justiciero en causa propia. El desplazamiento de este y la asunción de su papel por un tribunal tendencialmente imparcial cuenta con un precioso, clásico reflejo literario en la *Orestiada* de Esquilo, donde, a instancia de Atenea, las vengadoras Erinias aceptan conver-

31

tirse en acusación ante el Areópago, un tribunal de jurado. De este modo, la ciega furia vindicativa resultó sustituida por la confrontación discursiva de los implicados en el conflicto, ahora como partes procesales, colocadas en el mismo plano, en pie de igualdad, en un ámbito público de debate. Un paso importante en la domesticación del uso de la fuerza y su transformación en «violencia legítima», en el que la participación de los ciudadanos en el enjuiciamiento, simboliza también la emergencia de la democracia en la gestión de la *polis*: el nacimiento de la sociedad civil.

Pero tal relevante cambio de paradigma no llegó nunca a producirse del todo, pues la lógica de la venganza sigue latiendo en el proceso penal. En particular, por el dato de que difícilmente podría administrarse en los tribunales más justicia que la existente en la sociedad dividida que constituye el marco de sus actuaciones, cuando, precisamente —no importa repetirlo— son ellos quienes tienen encomendada la preservación de tal estado de cosas connotado por la más lacerante desigualdad. Hoy, además, en acelerado proceso de profundización, por la sustracción a cualquier clase de reglas de los macro-sujetos —verdaderos «poderes salvajes» en la cabal caracterización de Ferrajoli— que la generan ya a escala global. Y por la marcada tendencia a *tratar* como delitos los ineluctables efectos de muchas de las graves injusticias sociales presentes en nuestros países, exasperada por el pujante populismo penal. Con lo que esto tiene de apertura de «un escenario dominado por la pesadilla de una regresión a la inmoralidad de la justicia vindicativa» (Ennio Amodio). Circunstancia que hace que la *justicia* institucional pueda ser vista con razón, en medida no desdeñable, como *injusticia de parte*.

EL JUEZ

La presencia del juez, un sujeto institucional investido de autoridad y dotado de cierta legitimación, encargado de dirimir situaciones conflictivas mediante la aplicación de algún tipo de normas, es prácticamente rastreable en todas las culturas.

Por lo general, se trata de una figura inquietante, dotada de cierta *natural* arrogancia: la propia de alguien que —en uso de una ineliminable y temible discrecionalidad— da y quita la razón a los demás. En ocasiones, luciendo la actitud engreída del que creyera tenerla por principio, cuando lo cierto es que esta ha de adquirirse a través del proceso, en el respeto de las reglas, que es como decir de los derechos de los implicados.

En fin, su función esta connotada por la ambigüedad: la propia de un sujeto de poder, que hoy tiene constitucionalmente asignado el papel de garante de los derechos de todos, pero, al mismo tiempo, *de facto*, también el de asegurar el mantenimiento del *statu quo* en sus injustas constantes. Una función, aquella, de un perfil objetivamente contramayoritario, ya que debe ejercerse también frente a todos. Incluidas las demás instancias de poder, tan fértiles en los usos desviados de este, como se sabe por la omnipresencia de la corrupción en medios públicos de todos los países.

En la experiencia europea, los orígenes remotos de este sujeto institucional pueden localizarse en el régimen feudal, y giran en torno al personaje del rey-juez que ejercerá su poder de un modo *jurisdiccional*, no solo en la composición de litigios entre sus súbditos, sino también al gestionar los asuntos que hoy diríamos de carácter administrativo. Y es que el judicial era el modo ordinario de gobernar. Ello debido a que tal formación social, constituida por una pluralidad de estamentos y corporaciones dotados de derechos originarios, era habitual fuente de conflictos horizontales de intereses, precisados de pacificación para lograr el necesario equilibrio. De ahí el carácter contencioso del modo de composición; peculiarmente judicial, tanto si se trataba de resolver «un litigio entre vecinos, o de ordenar la reparación de un puente, de castigar al autor de un hurto o de disponer una colecta para procurar un subsidio a los pobres de la localidad» (Luca Mannori).

La atribución exclusiva del poder de juzgar a un juez profesional fue fruto de un largo proceso. En efecto, pues —tomando como más representativo el caso de Francia— diré que, a comienzos del siglo XII, su mapa político se caracterizaba por la presencia de una superposición de poderes y ordenamientos (real, señorial, eclesiástico, municipal), cada uno con su soporte institucional, funcionando de manera autónoma y, como se ha dicho, *sub specie* de *iurisdictio*. El resultado, según Gaetano Silvestri, era una suerte de «separación horizontal de poderes» con la inevitable confusión de competencias, asimismo inevitable fuente de litigios. En este marco, el monarca, señor también él, por más que formalmente situado en la cúspide del sistema, solo tenía poder directo sobre sus vasallos. Reinaba sobre los demás sin gobernar; distinguiéndose del resto de los señores por esa posición preeminente. Y, como todo barón, solo era competente para juzgar en su territorio, pero gozaba de la consideración simbólica de «manantial y fuente de justicia». Así, y no obstante la ausencia de una formal jerarquía de instancias, fue abriéndose camino la posibilidad de recurrir ante él en apelación de algunas de las resoluciones del resto de las jurisdicciones feudales.

A partir del siglo XIII, se produciría una importante concentración y reforzamiento del poder real, merced en gran parte al recurso de apelación, residenciado en la *Curia Regis*, una instancia superior a las demás, ahora investidas de una suerte de «justicia delegada» por el monarca. Esta se concretaría de forma paradigmática en los *Parlements*, instituciones específicamente judiciales, que —siempre en el caso de Francia— conocieron un peculiar estatuto de independencia efectiva en el ejercicio de la función, debido que el acceso a ella se producía por la compra del oficio que, de este modo, ingresaba en el patrimonio del titular.

El relevante papel político de los parlamentos, debido a su poder autónomo ejercido de forma

despótica, con titulares investidos de una noble-
za de toga, alimentó una fortísima reacción social
en su contra y el reproche de falta de legitimidad.
Tanto es así que, en vísperas de la revolución, la
Asamblea Nacional suprimió las justicias señoria-
les y la venalidad de los oficios judiciales, proclamó la gratuidad de la justicia y, enseguida, emitió
un decreto disponiendo «*la mise en vacance des parlements pour une durée illimitée*», que resultó definitiva, en espera de la reforma global del sistema
judicial. El tratamiento de la institución judicial en
el marco revolucionario francés conoció interesan-
tes vicisitudes, en las que aquí no cabe entrar, a las
que siguió la reforma judicial napoleónica, dirigida a hacer de los jueces un instrumento de poder
tout court, configurado como cuerpo jerarquizado
y vertical, uno más dentro de la administración estatal, inscrito en un ministerio. Significativamen-
te, para Bonaparte, «el mejor medio de gobierno»,
que ha funcionado como tal, con incondicionada
vigencia durante más de siglo y medio en los países de la Europa continental y en los de su área de
influencia. Y que, resistente a los cambios, sigue
vigente en no pocos países en el modo de articu-

lación *en carrera* de los profesionales de la justicia y particularmente en el imaginario de estos.

Una particularidad destacable de ese tipo de juez radica en la circunstancia de haber operado como el más eficaz instrumento de control social. Con el oscuro resultado de que todos los derechos fundamentales de libertad, una vez legislativa y trabajosamente consagrados merced a la vigencia del sufragio universal y a impulsos de las luchas sociales, han padecido por su causa. Además, una suerte de tendencia, *natural*, como inscrita en su ADN, le llevó a seguir dócilmente a los estados, en experiencias como la del nazismo, el fascismo o el franquismo y otras del género, hasta integrarse de la manera más funcional y como si tal cosa, en sus políticas autoritarias e incluso masivamente criminales. Para luego ofrecer también *natural* resistencia a los nuevos textos constitucionales en los momentos de restauración de la democracia.

En cierto paralelo y como reacción a estas vicisitudes históricas, no sin esfuerzo, fue consolidándose una cultura de la institución judicial que acabaría, ya a mediados del siglo pasado, por alumbrar la aludida concepción constitucional radicalmente alternativa, con expresión en los mejores textos fundamentales de última generación, a partir del italiano de 1948.

En el inicio de ese proceso es ineludible situar la sustancial aportación de Montesquieu, relativa a la arquitectura general del modelo. Más tarde, en los nacientes Estados Unidos, la debida a James Madison, Alexander Hamilton y John Jay con su obra *El Federalista*, relevante por lo que tiene de profundización en el papel garantista de la instancia judicial en su relación con las demás del estado. Singularmente la dirigida a subrayar la naturaleza esencialmente cognoscitiva de la función jurisdiccional y la relevancia de las garantías procesales. En los tres casos juega un papel esencial el principio de independencia como presupuesto del de imparcialidad, básica seña ideal de identidad de la jurisdicción.

La de Montesquieu es una perspectiva ciertamente singular para la época, que goza de incuestionable vigencia. Partiendo de la fundada consideración pesimista del poder, por su natural propensión al abuso, adoptó un punto de vista, hoy diríamos, rigurosamente jurídico-constitucional, que le llevó a postular la vigencia incondicionada del principio de legalidad.

Aristócrata del antiguo régimen, consciente de la situación de crisis que ya le aquejaba a este y, también, por tanto, a su propio estamento nobiliario de pertenencia, la vivó con una preocupación comprensible que, sin embargo, no le impediría mirar lejos, tanto que su planteamiento desbordó con mucho el propio horizonte vital. En efecto, pues elaboró un modelo de articulación institucional del poder centrado en la idea de límite, pensado para garantizar la libertad del ciudadano. Diseñando para ello un marco orgánico basado en la separación y la subordinación del ejecutivo al legislativo, como modo de lograr que «el poder frene al poder». En él, el judicial recibe el encargo de hacer de contrapeso (independiente) del legislador y del gobierno; asimismo como poder, si bien «invisible y nulo», en cuanto órgano-función de la legalidad, dedicado a su fiel aplicación, de manera que las sentencias «correspondan siempre al texto expreso de la ley». En definitiva, un poder singular, separado, políticamente neutro y equilibrador, rasgos ideales que hoy gozan de plena validez constitucional.

A tenor de estas consideraciones, se entiende que toda la reflexión posterior sobre el poder y especialmente sobre el judicial tenga siempre algo de diálogo con Montesquieu. Particularmente fecundo es el mantenido con él por los aludidos autores de *El Federalista*. Sobre todo, porque, para ellos, el poder cuyo ejercicio despótico habría que prevenir era otro bien distinto del presente en las previsiones del primero. En efecto, pues se trataría de conjurar el absolutismo parlamentario, ciertamente impensable para un ilustrado europeo; pero no, en cambio, para un ciudadano norteamericano recién liberado de la opresión de la potencia colonial, singularmente representada por la inglesa Cámara de Westminster.

De este modo, el punto de partida de la reflexión politológica será el peligro de un «despotismo electivo», debido a la concentración del poder en manos de un legislativo eventualmente absoluto. De aquí la apuesta por «una Constitución limitada», por cuya virtud los poderes se encuentren «divididos y equilibrados de tal modo entre distintos cuerpos de magistrados, que ninguno [pueda traspasar] sus límites legales sin ser contenido y re-

primido eficazmente por los otros». Y el estableci-
miento de «ciertas prohibiciones expresas aplicables
a la autoridad legislativa», cuyas leyes debe[rán]
«ceder» ante la Constitución, en su calidad de «ley
fundamental». Algo rigurosamente impensable en
ese momento de este lado del Atlántico, en el que
la institución parlamentaria representaba la ideal
alternativa democrática al absolutismo regio.

En el planteamiento que se examina es esencial
la plena independencia de los tribunales, a los que,
como «baluartes» de la Constitución, incumbirá,
no solo la protección de los derechos individuales,
sino asimismo el deber de declarar nulos todos los
actos, incluidos los del legislativo, que de manera
evidente pudieran contradecirla. Esto —se adver-
tirá— no implicaría ninguna posición de superio-
ridad política, al ser solo el efecto genuino de la
función consistente en interpretar y aplicar la ley,
y de la misma jerarquía normativa, cuando sucede que «la Constitución es de hecho una ley fundamental y así debe ser considerada».

La aportación de *El Federalista* a la cultura de la
jurisdicción tuvo una plural proyección: potenció
la significación positiva de la separación de pode-

res; contribuyó a reforzar el papel de la Constitución como texto fundamental por encima de la ley ordinaria; y revalorizó el papel del juez independiente como garante de los derechos de los ciudadanos frente a todos y encargado, por eso, de contribuir al mantenimiento de los demás poderes dentro de los límites de su cometido constitucional. Pero no solo, porque Madison, Hamilton y Jay vieron en la judicial una función dotada «únicamente de discernimiento». Esto es consistente en obtener un conocimiento de calidad de los hechos litigiosos y del derecho aplicable, como presupuesto esencial de la calidad de sus decisiones.

Tal mirada sobre esa dimensión central del poder de juzgar había contado con un desarrollo paradigmático en Cesare Beccaria. En efecto, este se mostró justamente preocupado por el omnímodo del juez inquisitivo en el proceso penal de su época, perseguidor acérrimo a partir de cualquier sospecha, mediante el uso de la tortura como legítimo instrumento procesal, aplicada discrecionalmente a un imputado indefenso, en un proceso justamente calificado por él de «ofensivo» que hacía de este brutal *juzgador* un auténtico «enemigo del reo». Es por lo que reclamó como alternativa un proceso «informativo», en el que su conductor actuase como «investigador indiferente de la verdad». Digna de mención al respecto es, en fin, la posición del ilustrado napolitano Massimiliano Murena, para el que «la palabra juez lleva consigo la idea [...] de la verdad», porque «la justicia depende de la verdad de los hechos».

La nefasta experiencia del antimodelo de juez y de proceso vigentes en su época, llevó a los juristas de la Ilustración a fijar la mirada en el jurado inglés. En él, que desconocía el uso de la tortura, el imputado era juzgado por sus pares que, además, para decidir, valoraban discursivamente la prueba argumentando. Este sistema, de libre valoración a tenor de las circunstancias del caso, acabaría imponiéndose en el resto de Europa, en las legislaciones decimonónicas. Pero para ser usado por jueces profesionales (del aludido *antimodelo* napoleónico) que, según se verá, la entenderían como irrestricta libertad de apreciación en «conciencia íntima», lo que vino a suponer una suerte de licencia para el uso de la más absoluta discrecionalidad, naturalmente inmotivado. Un modo de operar formalmente vigente durante siglo y medio, hasta la introducción del deber de motivar en las nuevas constituciones, pero que hoy sigue contando con lamentable presencia en no pocas prácticas jurisdiccionales. Por lo ya dicho, de que, con cierta frecuencia, la cultura y la sensibilidad de jueces (y fiscales) dista de estar a la altura de las exigencias de la función en la materia.

En el moderno constitucionalismo la jurisdicción es una fundamental, institución de garantía, necesariamente separada de las instituciones de poder político. Se trata de una peculiaridad del estado constitucional de derecho, una cierta *astucia de la razón* de este, en el que la preservación de los derechos fundamentales de los ciudadanos, incluso frente a los órganos ungidos por la soberanía popular, corre a cargo de un sujeto institucional, el juez, no legitimado a través del sufragio. Es por lo que se ha entendido que, en sentido propio, no es un órgano del estado-aparato, sino del ordenamiento jurídico, con algo, pues, de contra-poder, como encargado del control de la validez de los actos del legislativo, competente para promover cuestiones de inconstitucionalidad, y asimismo de los actos de la administración; y de la tutela de los derechos fundamentales de los ciudadanos

Precisamente, a fin de asegurar la idoneidad del investido de jurisdicción para desempeñar tal función, los ordenamientos prevén distintas clases de garantías. Unas relativas a su estatuto y otras referentes al modo de proceder en el ejercicio de aquella.

Las garantías del primer tipo son las conocidas como *orgánicas* y tienen que ver con el procedimiento de selección para el acceso a la función, con la posición constitucional, los criterios de atribución de las competencias y las formas de control de la actividad por otra instancia, dentro de la jurisdicción misma. También con la eventual exigencia de responsabilidad disciplinaria, si fuera el caso. Las segundas guardan relación con la adquisición, la práctica y la valoración de las pruebas y la aplicación del derecho al resultado de esta, todo en el marco de la rigurosa observancia de los derechos de los justiciables.

Ambos órdenes de garantías están destinados a asegurar la exclusiva sujeción del juzgador a la ley, que es, además, de donde brota la legitimidad de sus actuaciones.

La configuración constitucional del estatuto del juez está directamente ordenada a garantizar su independencia, en los planos externo e interno. Lo primero, asegurando la colocación de la magistratura como institución a salvo de la interferencia de otras instancias de poder. Lo segundo, impidiendo la existencia de posiciones de poder de unos jueces sobre otros, en general, y, en particular, en el desempeño del cometido jurisdiccional. Lo que demanda una organización de los jueces presidida por la horizontalidad, debido a que todos tienen plenitud de jurisdicción y en el ejercicio de su cometido gozan de igual dignidad. Por eso su articulación interna tendrá que ser exclusivamente funcional y no determinada por la existencia de categorías jerárquico-administrativas.

Massimo Luciani ha hablado también de un tercer tipo de independencia, la «interior», por la que deberá velar el mismo jurisdicente, obligado a poner distancia de sus propias posiciones de carácter político-cultural, de *sus propios demonios*, para asegurar la tendencial neutralidad de las decisiones.

Lo que acaba de exponerse permite afirmar que la independencia es una garantía de garantías, sin la que no sería posible la efectiva vigencia de todas las demás. En su proyección más inmediata, está dirigida a evitar que el juez sea parte política en la resolución de los conflictos que debe mediar. Porque la suya es una función esencialmente cognoscitiva, no política, tampoco representativa ni de participación. Sujeta, no importa repetirlo, exclusivamente a la ley.

Por lo expuesto, la independencia no es un privilegio corporativo sino la precondición imprescindible de otro esencial atributo del juez: la imparcialidad. Al entender de Salvatore Satta «un principio tan viejo como el mundo» pues «nadie puede ser juez en causa propia». O dicho con palabras de Thomas Hobbes: el llamado a juzgar entre los contendientes no puede ser «uno de ellos» sino un «tercero».

El aseguramiento de esta garantía ha generado desde antiguo una comprensible preocupación. A tal punto que, en los municipios italianos del medioevo, se entendió que nadie más imparcial que el sujeto reclutado fuera de las propias fronteras, el extranjero, extraño por antonomasia. Y no solo, como recordó Piero Calamandrei, se llegó al extremo de asegurar «a los litigantes el juicio matutino de hombres en ayunas y por esto más serenos», para poner al juzgador a salvo incluso de los propios humores.

En la sociedad actual, esencialmente pluralista, el tratamiento de la imparcialidad tiene notable relevancia. Ello debido a que los jueces, si en el plano jurídico, podría decirse, cuentan con una preparación (más o menos) equivalente, en el orden político-cultural no ocurre lo mismo. Con la consecuencia de que, según la naturaleza del caso, tal circunstancia podría no resultar indiferente para el resultado del juicio. Esto es algo que obliga a operar con esas legítimas diversidades de un modo aleatorio, para evitar la posible elección interesada del juzgador a tenor de la naturaleza del asunto. Es la razón de que se haya acuñado el llamado «principio del juez natural» o de predeterminación legal, hoy de rango constitucional, que obliga a que la asignación de los pleitos y causas se produzca siguiendo criterios objetivos, rigurosamente predeterminados. Así, en presencia de un caso, tendría que ser previsible el tribunal, incluso en su composición personal. Para eliminar, por ejemplo, las históricas facultades de los presidentes (aquí no del todo abolidas, al menos *de facto*), consistentes en disponer de forma discrecional la composición de las salas de enjuiciamiento.

La imparcialidad del juez, hay que decirlo, no *va de soi*, no es una cualidad de la que resulte investido por aprobar la oposición ni por el hecho de vestir toga. No es una cuestión de supuesto carisma, sino efecto de la concurrencia de determinados presupuestos de garantía. Aparte los de naturaleza orgánica ya aludidos, hay uno rigurosamente esencial que debe darse en el momento del juicio y es el representado por el respeto de todos los derechos de las partes (a estar presentes en la investigación, a proponer prueba e intervenir en su práctica, a argumentar en apoyo de las propias posiciones y discutir las del contrario), que son los que las ponen en pie de igualdad ante el juzgador en su sitio y a este en su sitio.

Hay una garantía no escrita, a cuya presencia efectiva está ciertamente condicionada la calidad del juicio. Me refiero a la honestidad intelectual del juez que, idealmente, exige de él un cierto estado de tensión moral consigo mismo, orientado a la neutralización de aquellas pulsiones o inclinaciones que, dejadas a su propia dinámica, podrían llevarle a dar relevancia, incluso o sobre todo, de orden subliminal, a pulsiones o motivos de carácter personal, que no deben entrar en el plano de la decisión ni condicionarla. Y, cuando por la textura del precepto legal resulte inevitable realizar una opción de especial implicación personal en el orden valorativo, el juez tendría que dar a la *ratio decidendi*, sobre todo en ese segmento de mayor apertura y permeabilidad al propio criterio, la máxima transparencia.

Tratándose de la jurisdicción penal, ese esfuerzo de racionalización debe proyectarse igualmente como autorrestricción del área del enjuiciamiento, que ha de versar exclusivamente sobre el hecho y no sobre la personalidad del autor. El juez tendrá que impedir que su juicio acabe vertiendo subrepticiamente sobre esta; o que datos de la misma, que, en rigor, carecerían de relevancia jurídica y de valor probatorio, se inscriban *de facto* en el contexto de la decisión. Además, en todo caso, la autorrestricción —dice bien Manuel Atienza— tendría que operar con un carácter más general, «como cualidad que debe disponer al juez a usar moderadamente el extraordinario poder de que está investido».

Se ha visto que el estatuto judicial está diseñado, en primer término, para hacer efectiva la garantía consistente en la separación respecto de las instancias de gobierno. Esto no impide, obviamente, que un juez pueda colocarse en posición de excedencia para implicarse activamente en política, lo más común, concurriendo a las elecciones por un partido. Y que, pasado un tiempo en esa situación, retorne al ejercicio de la función.

Ambas opciones suelen estar contempladas y, en consecuencia, autorizadas por la generalidad de los ordenamientos. Pero esto no evita que, en línea de principio, la segunda sea francamente objetable. Porque, dicho sencillamente, creo que esa clase de viajes deberían ser sin regreso posible a la jurisdicción. Esencialmente, porque comportan, no la implicación en una suerte de idílica gestión de la *polis*, sino, lamentablemente, *en lo que hay*, que es el ejercicio descarnado, generalmente sucio, de la partitocracia. Que supone la implicación en un género de relaciones radicalmente opuestas a los valores de la jurisdicción. Con la particularidad de que, por razones obvias, la impregnación en esa clase de contravalores no dejaría de producirse por el reingreso en la magistratura.

Además, es preciso señalar que contaminaciones tan peligrosas como las que acaban de contemplarse son susceptibles de darse, como se dan, en el marco de las llamadas relaciones institucionales, en este caso, por lo general, de los profesionales *de altura* dentro de la jurisdicción, con quienes ocupan cargos de relevancia en distintas administraciones. Se trata de un terreno (contiguo al de la política partidista) muy abierto al tráfico de las más diferentes influencias, en el que todas las cautelas serán siempre pocas y donde los primeros tendrían que operar con un criterio sumamente autorrestrictivo.

También resulta imprescindible aludir a otra fuente de riesgo para la independencia y la imparcialidad, que es la representada por algún tipo de relaciones sociales, generalmente con sujetos de relevancia en los medios del poder económico y otros. Al respecto, la realidad, de todos los países ofrece datos de experiencia de una variada tipología de tal clase de contactos, en particular, de los altos magistrados. Dada la dificultad de ilustrar en detalle este tipo de supuestos en extremo variados, me limitaré a ejemplificar con uno lo bastante expresivo de lo que trato de decir. Lo constituye la regular presencia, a título de invitados, de magistrados de vértice, en el palco del Real Madrid, en el Estadio Bernabeu, publicitado en la red como «un área VIP de oportunidades para usted, sus empresas y sus invitados…». Toda una declaración de principios que tendrían que ser leídos como *antiprincipios* desde una perspectiva ético-judicial. A ese connotado lugar se ha referido, muy plásticamente, un autor como el espacio ideal para «medrar a partir de una mezcla cortesana de poder y negocios».

Ya, en fin, vale la pena aludir a ciertos hábitos, no precisamente funcionales a una buena cultura de la independencia, y, sin embargo, pacíficamente instalados entre nosotros. Se trata del goteo o lluvia, desde hace años, de condecoraciones del ministerio del Interior, algunas, además, «pensionadas» (es decir dotadas de contenido económico), sobre magistrados y fiscales que, ejerciendo jurisdicción, preferentemente, en la Audiencia Nacional, lo harían con «*mérito policial*» (?). (A título de anécdota, diré que la sentencia de la Sección 8.ª de la Audiencia Provincial de Málaga, n.º 512/2012, de 1 de octubre, hay constancia de que la independencia de un juez y un fiscal, que habían intervenido en la causa, fue cuestionada formalmente por su condición de poseedores de una de esas medallas). Del mismo señalado contravalor indicativo son los encuentros festivos de los jueces centrales con la cúpula de Interior, del género del celebrado el 29 de octubre de 2010 en Madrid, sobre el que informó la prensa. Por no hablar de alguna obscena comida con togados, a invitación del comisario Villarejo, de la que se hizo pública una sonrojante grabación.

En el lenguaje común imputar es atribuir a alguien la condición de responsable de una acción merecedora de reproche. En sentido técnico-jurídico, denota la acción formal de un sujeto institucional mediante la que se señala a alguien como posible autor de un delito. Los sujetos habilitados al respecto son el policía, el fiscal y el juez instructor.

La imputación convierte al afectado en investigado. Y lleva consigo ciertos gravámenes que, eventualmente, pueden incluir la detención e incluso la prisión preventiva.

La primera, de breve duración, suele ser de carácter policial y el afectado por ella tendrá que ser puesto enseguida a disposición del juez. En ese punto es necesario denunciar la tendencia a operar como si existiera una suerte de *derecho* a disponer discrecionalmente de todo el tiempo de detención legalmente previsto. Pero lo único que legitima el mantenimiento de la medida es la permanencia de la necesidad de realizar actuaciones que constitucional y legalmente la justifiquen en el supuesto concreto.

De este modo, la imputación en sentido estricto implica la afirmación de un hecho (ha pasado algo penalmente relevante); un juicio (provisional) de coincidencia de la acción de que se trate con un tipo de delito previsto en el Código Penal; la atribución (asimismo en principio) de su autoría a un sujeto; y la decisión de iniciar en relación con este una actividad de investigación, de la cual y dentro de la cual tiene derecho a defenderse. La imputación judicial, es obviamente, la que implica un mayor componente decisional.

Las intervenciones de este género no pueden ser arbitrarias, por lo que han de suscitar expresamente un tema de decisión bien documentado en cuanto a sus particularidades y su fundamento. Este ha de ser verosímil y plausible y aparecer *prima facie* susceptible de comprobación, es decir, basarse en datos verbalizables e intersubjetivamente valorables.

El imputado deberá ser informado inmediatamente de los términos de la imputación y de los derechos que le asisten, en especial, el de gozar de asistencia letrada. Y solo será privado de libertad, de resultar estrictamente necesario para conjurar el peligro de fuga o asegurar la preservación de las fuentes de prueba; y únicamente mientras subsistan estos riesgos.

En el contexto, goza de particular relevancia el derecho a guardar silencio, a no declarar. Asumido por las legislaciones liberales decimonónicas como forma de reacción frente a la indescriptible crueldad del tratamiento del imputado en el proceso inquisitivo, tiene clara expresión, por ejemplo, en la vigente Ley de Enjuiciamiento Criminal de 1882. En ella se excluye la exigencia de juramento de decir verdad, se prohíben las preguntas capciosas, sugestivas o impertinentes, y se contiene una evidente manifestación de desconfianza en la confesión autoinculpatoria, que no eximirá al juez instructor de seguir investigando.

En el modelo de proceso vigente, el imputado ha dejado de ser mero objeto de las actuaciones, para convertirse en sujeto de derechos procesales fundamentales en el marco de estas. La consecuencia es que el interrogatorio del imputado ya no es un medio de prueba sino esencialmente un medio de defensa, sobre cuyo uso él puede decidir.

Así se da satisfacción a una elemental exigencia de humanidad, que impide el histórico recurso al interrogatorio coactivo. Por el carácter *contra naturam* de toda declaración autoincriminatoria bajo juramento: una «tortura del espíritu», al expresivo decir de Mario Pagano; «una contradicción entre las leyes y los sentimientos naturales del hombre» para Beccaria. Y porque es el único modo de evitar toda forma de presión ilegítima (de tortura, al fin), dirigida a *hacer hablar* al imputado. Un modo de operar de lamentable incidencia estadística, aún hoy, en el marco de las detenciones policiales. Y no se diga en el caso de las prorrogadas al amparo de la legalidad excepcional aplicable a los sospechosos de acciones terroristas. Una clase de supuestos en los que lo corriente es ver a los detenidos pasar de una primera negativa a declarar a hacerlo con una locuacidad realmente sospechosa y en términos autoinculpatorios, pasado algún tiempo en el centro de detención. Con todo, incluido todo lo que se sabe por experiencia en la materia, no faltan autores como Larry Laudan que, considerando «antiespistémico» el derecho del imputado a guardar silencio, se muestra partidario de la instauración de un sistema «donde los acusados colaborasen en las investigaciones de la policía» (!).

En este punto, es de toda pertinencia evocar un luminoso pasaje de la sentencia del Tribunal Supremo estadounidense en la causa *Miranda* vs. *Arizona* (1966): «Es claro que [los] interrogatorios en lugar policial cerrado tienen por objeto socavar la voluntad del detenido. La atmósfera en que se desarrollan lleva el sello de la intimidación. [...] La práctica del interrogatorio incomunicado es incompatible con uno de los principios más apreciados por nuestra nación, a saber, que el ciudadano no puede ser obligado a declararse culpable de nada. Ninguna declaración obtenida del detenido puede ser verdaderamente producto de su libre voluntad, salvo que se empleen medios que eviten la intimidación y compulsión propia de las detenciones en ámbito policial». Es por lo que se considera que «la acusación no puede utilizar la declaración [...] que haya obtenido del detenido de cuya custodia es responsable si no acredita haber seguido, durante el interrogatorio, un procedimiento que garantice eficazmente el derecho a no declarar contra sí mismo».

Un criterio bien distinto es el que informa la jurisprudencia del Tribunal Europeo de Derechos Humanos en el caso *Murray contra el Reino Unido* (1996), que resolvió en el sentido de que «en los casos en que la prueba existente en contra del acusado le coloque en una situación en la que le sea exigible una explicación, su omisión puede, como razonamiento de sentido común, permitir sacar en conclusión la inferencia de que no ha habido explicación porque el acusado es culpable». O lo que es lo mismo, el silencio servirá para reforzar el valor inculpatorio de lo aportado por algunas pruebas. Más en concreto, cuando, ante la existencia de pruebas de cargo incriminatorias de suficiente consistencia, el imputado, preguntado al respecto, guardase silencio, esta actitud se interpretará como reveladora, no del propósito de no declarar, sino de la evidencia de la veracidad de los términos de la imputación.

Tal modo de interpretar el fundamental derecho del imputado a guardar silencio, implica una verdadera derogación de este, ya que, en rigor constitucional, el efecto del ejercicio de tal derecho, en términos probatorios, debe ser *igual a cero*, es decir, carente de significación; mientras que en Murray se le atribuye un claro valor incriminatorio, aunque sea de carácter complementario o de refuerzo de lo aportado por otras pruebas. Curiosamente, en aplicación de un cierto «sentido común», cuando la consagración del derecho del imputado al silencio representa una derogación expresa del posible valor normativo de ese *sentido común*. Que, en una clásica, justa apreciación de Alessandro Manzoni, tendría poco que ver con el «buen sentido». Con la particularidad de que, en *Murray*, el tribunal habría incurrido en un cierto sinsentido, pues, tratándose de pruebas tan consistentes, no se entiende por qué necesitarían ser corroboradas. Puede decirse que el Tribunal Europeo de Derechos Humanos —como no pocos jueces— está imbuido del histórico sentido religioso de la confesión, que demandaría del culpable del delito, como del pecador, alguna forma expresa de contrición autopunitiva, algún sumiso gesto autoexpiatorio, por eso la exigencia de arrepentimiento. En una actitud radicalmente antijurídica, por lo expuesto, y por completo fuera de lugar en el marco de un ordenamiento presidido por el principio de laicidad.

En la experiencia jurisdiccional de Estados Unidos tiene una relevantísima presencia la institución del *plea bargaining*, consistente en la prestación de conformidad del imputado al ofrecimiento por el fiscal de una petición de pena sensiblemente menor de la que —se *amenaza*—, de tener que celebrarlo, pediría para él en el juicio. Es una forma de *justicia* negociada, en realidad, una alternativa no jurisdiccional al proceso penal, que en el país prevalece en un 95 % de las causas. Y, en la práctica, está destinada a los imputados indigentes que no pueden costearse una defensa eficaz. Con el efecto de que, al fin, el atestado policial se transmuta en sentencia firme sin solución de continuidad, con el demoledor efecto de privar de vigencia a la totalidad de los derechos del imputado, y con la consiguiente regresión a lo peor de los siglos oscuros del proceso penal. En el caso de Estados Unidos, de un total aproximado de 2 400 000 de condenados presos, más de dos millones lo han sido sin juicio.

En este momento, semejante aberración ha dejado de ser una seña de identidad exclusiva de los tribunales estadounidenses, para contaminar a la generalidad de las legislaciones, incluidas las europeas, en lo que, podría decirse, es también una asunción de la patibularia propuesta de Günther Jakobs que considera que las garantías y los derechos constitucionales del imputado deberían reservarse en exclusiva para los ciudadanos de bien, destinando a quienes no reúnan esta condición el llamado por él «derecho penal de enemigo». Un verdadero no-derecho.

Tom Wolfe, en *La hoguera de las vanidades*, escenifica con total plasticidad tal aberrante modo de proceder (que no de proceso), poniendo en boca del juez Kovitsky titular de un juzgado del Bronx, las palabras que siguen, dirigidas a un joven detenido: «El fiscal del distrito te ha hecho una oferta, de dos a seis años. Si aceptas esta oferta y te portas bien, todo esto quedará atrás y, antes de que te des cuenta, estarás limpio y seguirás siendo joven con toda una vida por delante. Pero si vas a juicio y te condenan, te caerá una pena de ocho a veinticinco. Piénsalo bien. El fiscal del distrito te ha hecho una buena oferta».

Garantías penales

Delito es la acción personal lesiva de un bien jurídico relevante, tipificada como tal en la ley, que conmina su ejecución con una pena. Esto —principio de legalidad— supone la previa existencia de una disposición de ese rango en la que la conducta se encuentre bien descrita en sus rasgos caracterizadores; de modo que el comportamiento prohibido sea plenamente identificable, con objeto de hacer posible su persecución y evitar, en esta, el uso de una discrecionalidad incontrolada.

Para que una acción pueda ser objeto de sanción penal deberá haber existido objetivamente como tal (el pensamiento no delinque); y ser atribuible material y subjetivamente a una persona. Lo primero, por la implicación directa o indirecta en su ejecución. Lo segundo porque la intervención de que se trata haya sido consciente y voluntaria pues, la condición de autor en cualquiera de sus formas, exige que el sujeto haya sabido y querido hacer lo que hizo. Por lo general, la acción delictiva lleva asociada la producción de un resultado dañoso; pero también puede ser sancionable el mero intento; y en ocasiones la generación del riesgo de su acaecimiento. Asimismo, pueden ser punibles ciertas acciones imprudentes, generadoras de un resultado lesivo que tendría que haberse evitado en uso de una diligencia exigible; y también algunas omisiones, cuando lo normativamente requerido fuera una determinada actuación.

La seguridad jurídica de las personas exige que las conductas perseguibles estén, no solamente identificadas en la ley, sino descritas en ella con la máxima precisión (taxatividad), para circunscribir de este modo, al máximo, la respuesta policial y judicial. Por otra parte, solo son perseguibles los actos concretos, no los perfiles personales o modos de ser.

El proceso penal lo forman las actuaciones judiciales, regladas por la ley en lo relativo a las formas y los tiempos de su realización, dirigidas a verificar la veracidad de la imputación a alguien de una acción delictiva; para la imposición de una pena, de acreditarse que efectivamente esta hubiera tenido lugar o para confirmar su presunción de inocencia en otro caso, absolviéndole.

Montesquieu escribió, con el mejor criterio, que «cuando la inocencia de los ciudadanos no está garantizada, tampoco lo está su libertad». Y es que, está bien demostrado, históricamente y también hoy, que los derechos de todos pueden sufrir, no solo por efecto de las acciones delictivas, sino también por las actuaciones indebidas de los órganos encargados de su persecución. Por eso, se trata de rodearlas de las cautelas imprescindibles para evitar los posibles usos ilegítimos del poder represivo. Un poder sumamente penetrante y abierto al abuso, especialmente peligroso por su incidencia inmediata y directa sobre la vida de las personas.

A ello se debe que el derecho a la presunción de inocencia, hoy de rango constitucional, ocupe un puesto central en la materia que aquí interesa, en una doble perspectiva. Pues, como ha observado Luigi Ferrajoli, es garantía de libertad y seguridad y también garantía de verdad.

Lo primero, se traduce en que la legitimidad de las intervenciones a las que acaba de aludirse, está normativamente condicionada a la existencia de indicios de delito dotados de cierta objetividad. En ningún caso podrán producirse por sospechas sin razonable fundamento, de las que, por eso, no cabría dar una razón justificativa; que, no obstante, son tan corrientes en las prácticas policiales de todos los países. En efecto, pues el modo de operar de sus agentes, con lamentable frecuencia se apoya, no en datos concretos y concretamente sugestivos de la autoría de alguna infracción penal, sino en sospechas de escaso fundamento y en estereotipos basados en el aspecto, la extracción social, la procedencia geográfica, es decir, los propios del indigente, el marginado social, el inmigrante...

La vertiente garantista de la presunción de inocencia en el enjuiciamiento mira al desarrollo del proceso penal, y cuenta con dos dimensiones: jurídica una y la otra epistémica. Sobre ellas se discurrirá más adelante.

El actual proceso penal de inspiración constitucional, es el calificado de acusatorio y contradictorio. Lo primero porque su puesta en marcha requiere una iniciativa externa, del afectado por el posible delito o de la policía, que luego habrá de formalizarse como acusación. Lo segundo porque su desarrollo se produce a través del debate sobre esta, mediante la confrontación de los implicados en pie de igualdad.

Reducida la actividad jurisdiccional a sus constantes estructurales básicas, resulta: Que la apertura de una causa criminal requiere una iniciativa externa (denuncia o querella). Que lo procurado en su desarrollo será la determinación de si se ha producido o no cierta acción (jurídico-penalmente significativa). Que, con ese fin, se tratará de acopiar toda la información relevante al respecto, en el ejemplo más clásico, los vestigios tomados del escenario de los hechos y las trazas dejadas por estos en la memoria de los posibles testigos. Solo si el resultado de la investigación es sugestivo de la existencia de una acción delictiva y tal conclusión está soportada por datos probatorios susceptibles de ser valorados intersubjetivamente, tendrá lugar una acusación formal, que dará paso al juicio propiamente dicho. Este versará sobre la atribución de la autoría del acto criminal de que se trate, que deberá postular, sustentándola en pruebas, quien la formule, y frente a la que el afectado podrá reaccionar también alegando y probando. Al fin, sobre la existencia o no del hecho imputado resolverá un juzgador imparcial, decidiendo según lo que resulte de la prueba. La sentencia condenatoria contendrá una descripción de los hechos tal como el tribunal entienda que se hubieran producido, así como su calificación jurídica, dando cuenta con el necesario detalle del porqué de ambas conclusiones, como necesario presupuesto del fallo. La sentencia absolutoria deberá ser asimismo motivada en los dos planos, de hecho y de derecho.

En general, por razón de la materia, es claro que la clase de actuaciones aludidas tienen siempre particular importancia, al ser inevitablemente gravosas para los afectados, potencialmente todos los ciudadanos. Pero, de ellas, la del juicio en sentido estricto reviste una importancia fundamental, pues es mediante él como podría decidirse acerca del real acaecimiento o no de la acción perseguida en todos sus aspectos y, en el primer caso, sobre las graves consecuencias que conlleva la sentencia condenatoria.

El juicio oral constituye un momento singular en el que las dos aludidas dimensiones, jurídica y epistémica, deben operar conjuntamente, fundirse casi. En efecto, pues requiere la existencia de un juez o tribunal imparcial que deberá, no solo valorar al fin, en la sentencia, todas las aportaciones probatorias, sino, antes, asegurar que la práctica de la prueba se produzca de modo que todas las partes gocen de idénticas posibilidades de intervención, tanto al aportar la información de interés para cada una de ellas como en el cuestionamiento y la discusión de lo aportado por las demás. Esto exige que sus derechos al respecto estén efectivamente garantizados por un juzgador equidistante y neutral, ya que el espacio escénico del juicio no es elástico y, por eso, lo que pudiera ocupar de más uno de los intervinientes, sería de menos para el otro u otros. Dicho expresivamente por Meyer, «si el portador de la balanza se mueve, esta se desequilibra», en perjuicio de alguno de los concernidos por su actuación.

Así resulta que la satisfacción o no de una exigencia jurídica, aquí, que las partes tengan efectivamente garantizados sus derechos fundamentales como litigantes, repercute inmediatamente en la concurrencia o no de una condición esencial de todo debate: que los implicados en él cuenten con idénticas posibilidades de interlocución.

Por eso, se ha cuestionado la existencia de una posible iniciativa probatoria del juzgador. Es decir, la posibilidad de que este, a la vista del resultado de las pruebas practicadas a instancia de las partes, pueda proponer alguna otra no solicitada por ellas. Por la obvia circunstancia de que, actuar de este modo implicaría la adopción de una posición parcial, con la inevitable pérdida de imparcialidad. Es por lo que los ordenamientos suelen limitar el uso de esa facultad a la necesidad de obtener la imprescindible aclaración de solo algún extremo puntual de la prueba ya realizada.

VERDAD PROCESAL: LOS LÍMITES
DEL CONOCIMIENTO JUDICIAL

La de «verdad» es una categoría central del proceso penal. En efecto, pues este, expresión de poder, constituye al mismo tiempo la manifestación de una voluntad de saber. Sobre ella ha discurrido con agudeza Ferrajoli: «el juicio penal es un "saber-poder", es decir, una combinación de conocimiento (*veritas*) y decisión (*auctoritas*)».

El «saber» en la materia confiere al poder la legitimación imprescindible. Es por lo que el proceso penal, incluso en sus modalidades arcaicas, aparece orientado a la búsqueda de una verdad de hecho. Siempre en un marco diversamente reglado, con el fin de dotar a las actividades en que se expresa de la racionalidad necesaria.

Al tratar de la relación entre proceso y verdad hay que volver a hacer referencia al proceso inquisitivo. Un modo de proceder en el que el juez actúa, ya antes de juzgar, como investigador por propia iniciativa, sobre un imputado sin derechos, convertido en mero objeto de su intervención. Esto porque, como se ha visto, se parte de la idea de que toda sospecha de delito goza de algún fundamento y el proceso es el medio idóneo para conocer la verdad de lo acontecido. En este contexto, verdad «material» realmente existente, que habría que descubrir. Dado el punto de partida, la confesión del inculpado, indudable *conocedor*, será la prueba por excelencia, la *regina probatorum*, para cuya obtención no se reparará en medios, de ahí el regular recurso a la tortura como instrumento procesal. Con el efecto de que los sujetos sometidos a esta, con frecuencia, acabarían confesándose autores de delitos, no solo no cometidos, sino imposibles de cometer. Al respecto es paradigmático el caso documentado por Alessandro Manzoni en *La columna infame*, relativo al proceso seguido contra los *untori* en Milán, en 1630, como supuestos responsables de la difusión de la peste en la ciudad, por el absurdo procedimiento de impregnar con una pócima los muros de algún edificio, *acción* esta cuya autoría fue asumida por los inculpados, bajo tortura.

Aunque parezca mentira, este concepto de verdad sigue vigente en autores como Larry Laudan que ha hablado del sujeto «materialmente culpable», supuestamente identificable como tal al margen del proceso penal, no se sabe por qué procedimiento de averiguación.

Pero lo cierto es que los hechos de eventual interés para el proceso penal no existen como tales, aun cuando pudieran haber ocurrido en algún momento, *ya no están.* Por eso, no son susceptibles de observación directa, sino únicamente de prueba para su reconstrucción, a partir del acopio y tratamiento de los rastros que hubieran podido dejar en algún escenario o en la memoria de eventuales testigos. Además, hay que considerar que en el proceso no se opera con hechos sino con proposiciones o enunciados lingüísticos referidos a ellos, los únicos de los que podría predicarse verdad o falsedad.

Así las cosas, el conocimiento judicial vierte siempre sobre el pasado, mientras que el juzgador actúa en el presente, de manera que su conocimiento solo puede ser inferencial, esto es con unos datos particulares como punto de partida, tratados con criterios de experiencia, para llegar a otros, aquellos de los que se trataría de saber.

Cuando la acción perseguida presente caracteres de delito, se producirá la imputación formal. En realidad, la formulación de una hipótesis, un primer intento de explicación de lo sucedido que, de contar con el soporte imprescindible de un conjunto de pruebas de cargo, se transformará luego en acusación que, como tal, se trasladará al juicio, para ser debatida. Finalmente, de considerarse suficientemente acreditada, pasará a integrar los hechos probados de la sentencia que, una vez firme, conformarán la verdad del caso.

La verdad procesal es una verdad formal, en cuanto obtenida en un marco jurídico a través de un procedimiento pautado en sus formas y tiempos. Y, obviamente, una verdad no absoluta sino contingente, probable. Pero sucede que esto no es algo privativo de la verdad procesal, pues la relatividad del conocimiento resulta predicable, en general, de la verdad empírica. La mejor prueba la ofrece el desarrollo del saber científico, cuyo progreso cursa a través de una dinámica o sucesión de verdades que en algún momento han dejado de serlo, al resultar desplazadas por otras dotadas de mayor eficacia explicativa del fenómeno o fenómenos de que pudiera tratarse. Es la clase de verdad accesible al método inductivo, el que permite avanzar en el conocimiento, y por eso el riesgo, debido a que la conclusión tiene mayor contenido, va siempre más allá de las premisas.

No obstante esto, no es raro que en la sentencia de algún tribunal se hable de la verdad obtenida a través del proceso como «verdad objetiva». Tal es el caso de alguna reciente de la Sala Segunda del Tribunal Supremo (ponencia de Magro Servet) en materia de la que hoy se conoce como «violencia de género», en la que, además, ese resultado, se dice, sería obtenible por una vía tan insegura como la declaración de la víctima, mediante la integración de su lenguaje verbal con el lenguaje gestual; en el que —no consta por qué extraordinaria facultad— el juzgador podría leer como en un libro abierto.

Se trata de una conclusión ciertamente inaceptable, incluso disparatada, cuando sucede que ni siquiera en el campo de la física cuántica podría obtenerse semejante grado de calidad en el conocimiento, como lo acredita la formulación por Heisenberg del llamado «principio de incertidumbre», basado en la circunstancia comprobada de que la observación modifica el objeto observado. Porque «el mundo no es en absoluto independiente de los observadores [… y] nuestra percepción e interpretación del mismo está cargada de subjetividad», de «sesgos cognitivos» determinados por «factores emocionales» (Daniel González Lagier). Factores de muy difícil si no imposible neutralización.

Así, si esto ocurre en ese contexto, qué no ocurrirá en el judicial: donde la observación se produce en virtud de un ejercicio de poder; su objeto no es un fenómeno frío, sino un acto ilícito que conlleva la inevitable implicación moral del observador; no se opera con aparatos de precisión, sino mediante criterios necesariamente teñidos de subjetividad; las fuentes de conocimiento no serán precisamente insensibles, sino que, de algún modo, se habrán sentido concernidas por el asunto de que se trate; sin contar con el efecto seguramente distorsionador que sobre el proceso penal producen las expectativas y demandas sociales que vierten sobre él, hoy a través de los poderosísimos medios de comunicación.

Por otra parte y en fin, en la actividad del juzgador tendrán una proyección difícilmente neutralizable los presupuestos ético-culturales de partida, su bagaje teórico, su actitud, su sensibilidad, el método de que se sirva, su capacidad de resistencia a las presiones aludidas. Son elementos que exigen de él una capacidad autocrítica y de creación de distancia respecto de las propias convicciones personales, que nunca deberían imponerse (y menos subrepticiamente, como suelen), que no siempre se da.

El modo de concebir el enjuiciamiento que se cuestiona remite a un criterio sumamente consolidado en la práctica y que, a pesar de su incuestionable falta de fundamento, sigue contando con preocupante vigencia en lo relativo a la apreciación de las aportaciones procedentes de imputados y testigos.

Me refiero al tópico que gira bajo el nombre de *principio de inmediación*, con el que se denota la relación directa del juzgador con las fuentes personales de prueba que hace posible la percepción de sus manifestaciones en el desarrollo del juicio oral. En la muy consolidada versión convencional de aquel —se dice— el jurisdicente, gracias a la observación del lenguaje gestual del declarante, estaría en condiciones de apreciar la calidad de verdad de lo manifestado con sus expresiones verbales. Así, por ejemplo —hablo de estos años— al decir de un fiscal del Tribunal Supremo, la inmediación permite «contemplar *in situ* las reacciones del interrogado, observarlo de frente intentando escrutar en su mirada la realidad de lo acontecido». Y un tribunal consideraba veraces las declaraciones de los testigos en la causa, «por lo que declararon» y también «por cómo lo hicieron». No solo. Para una acreditada monografista italiana del asunto, por esa vía, el juzgador podría tomar conocimiento «también», incluso, de «lo no dicho», leyendo en «la actitud, los movimientos, las pausas, los impulsos, la vacilación en las respuestas» de los declarantes.

Todo a pesar de que ya autores clásicos de los más caracterizados realizaron convincentes llamadas a la prudencia en la materia. Tal es el caso de Murena: «la inquisición de la verdad por medio de testigos es lo más difícil para un juez, y lo que exige más prudencia de su parte». O el de Carmignani al hablar de «los débiles perfiles de la prueba testimonial», fuente de «incertidumbres». Como asimismo el de Mittermaier: «cuánta prudencia es menester usar en la apreciación de la prueba testifical». Y de Carrara que rechazaría con energía la validez del juicio «por impresión», pues «la impresión no razona» y «la convicción» no puede ser la «mera inspiración del sentimiento».

Por otra parte, la psicología del testimonio, con las más consistentes aportaciones dotadas de seria base experimental, ha acreditado que «no hay comportamientos no verbales que sean indicativos de engaño, como la nariz de Pinocho». «Muchos jueces y abogados o jurados pensarán —ha escrito De Cataldo Neuburger— que un observador puede descubrir más fácilmente la mentira en una conversación si existe la posibilidad de ver los rostros y los cuerpos de los que hablan. La investigación psicológica ha demostrado la falsedad de esta convicción. El descubrimiento de la mentira es más fácil si el observador tiene acceso solo a la clave verbal de la comunicación y no a la visual». Y, en el mismo sentido Forza, Menegon y Rumiati han puesto de relieve que «nuestra capacidad de efectuar valoraciones sobre la credibilidad de un testigo, basadas en la comunicación no verbal, es a menudo falaz [... pues] estudios experimentales han demostrado que las personas tienen mayor probabilidad de descubrir la mentira sin acceso a las sugerencias faciales». Hasta el punto de que Sacks ha llegado a sugerir la conveniencia de colocar una capucha sobre el rostro de los declarantes para eludir los altos riesgos de error a que induce la observación de su gestualidad. Es, en definitiva, por lo que Mercedes Fernández López, con toda razón, reclama, para la valoración positiva de las aportaciones de la prueba testifical, en general, las mismas cautelas que la jurisprudencia exige en el caso de la de cargo del coimputado; esto es, la concurrencia de otra prueba (no cualquier dato) de corroboración eficaz.

El modo de entender la valoración —de una de las aportaciones más esenciales de las que regularmente se producen en la delicada experiencia del enjuiciamiento— que se cuestiona, es una implicación del modo de decidir fundado en la libre convicción del juzgador concebida como *intime conviction*. Este recusable tópico jurisprudencial, una vez vigente por imperativo constitucional el deber de motivar las resoluciones, estaría hoy ya *fuera de la ley*, por irracional e injustificable, pero lo cierto es que sigue teniendo una presencia relevante en la *cultura* de no pocos jueces, por el peso de una tradición de mucho arraigo. Pero también porque es una manera de operar extraordinariamente cómoda que, además, confiere un poder omnímodo al decisor, liberado del deber de dar cuenta del porqué de lo que decida.

Dadas sus particularidades, sobre todo de contexto, hay que preguntarse por la relación de similitud o de radical heterogeneidad entre el concepto de verdad procesal y aquel con el que regularmente se opera fuera del proceso. Un asunto tratado por Michele Taruffo, cuya conclusión es plenamente suscribible: cualquier verdad que tenga que ver con la realidad empírica es necesariamente relativa, por lo que fuera del proceso no existen verdades absolutas en relación con las cuales la procesal tuviera que ser de inferior calidad. Ello no quiere decir que ambos tipos de verdad sean iguales e intercambiables, sino que serán distintos, en virtud la clase de medios disponibles para su obtención. Es claro que, en este aspecto, la verdad procesal está sujeta a límites, que operan asimismo en el plano temporal. Pero, como más adelante se verá, la vigencia incondicionada del principio de presunción de inocencia como regla de juicio impone el tratamiento de la hipótesis acusatoria con las cautelas propias del método hipotético-deductivo y cuenta, además, con una preciosa *válvula de seguridad*, el principio *in dubio pro reo*, que es su más obvia implicación. Este exige que toda conclusión en materia de hechos, que no haya sido regularmente obtenida y/o de la que no pueda predicarse «certeza práctica» (Hempel), deba considerarse falta de base probatoria y determinante, por tanto, de la absolución.

El curso de un proceso penal se inicia porque ha sucedido algo, en principio, penalmente relevante: ejemplo, el hallazgo de un cadáver, aparente consecuencia de un disparo.

En presencia de ese efecto-resultado de una acción, se tratará de indagar para dar con la causa (la acción/el autor). Por eso, la búsqueda se describe como un razonar hacia atrás. Tarea en la que se opera con el principio de causalidad, a partir de lo que se sabe por experiencia de la relación causa a efecto.

El proceso penal es un medio de averiguación: se pone en marcha para *saber* de algún hecho concreto. Pero es un medio singular, que tiene carácter *público* y un marcado componente *coactivo*, pues dice bien Iacoviello: «el justo proceso es [*rectius*:

debería ser] violencia reducida al mínimo indispensable y al mínimo tolerable».

De ese doble carácter resulta la existencia en él de las dos aludidas dimensiones. Una *jurídica*: por la sujeción del modo de proceder a reglas (garantías) de derecho. Otra *epistémica*, la propia de su calidad de instrumento de conocimiento. Una dimensión esta hasta ahora muy escasamente tenida en cuenta en la cultura procesalista convencional.

A la dimensión epistémica pertenece lo relativo al tratamiento de los datos que vayan aflorando en el curso del proceso, así como al modo de razonar sobre ellos y de fundar argumentativamente la conclusión a la que se hubiera llegado. De la dimensión jurídica forma parte el marco de la actividad de enjuiciamiento y las reglas de esta clase que la disciplinan.

La presencia de las dos dimensiones se ve muy bien en el juego de la presunción de inocencia. En efecto, en ella cabe discernir un plano *jurídico*, en cuanto impone tener al investigado, imputado, acusado e incluso condenado por sentencia no firme, como inocente. Y otro *epistémico*, que obliga al juzgador a partir de una posición de neutralidad en sus actuaciones, a poner su conciencia en modo «página en blanco» (Calamandrei), para *escribir* en ella solo lo que vaya resultando regularmente del proceso. Por tanto, la dimensión epistémica no es jurídica y, en ella, el modo de operar se asemeja al propio de otras actividades, como las del historiador y el científico, dirigidas a obtener conocimiento empírico, aquí un saber de calidad sobre hechos concretos que podrían ser delictivos, porque es la culpabilidad, que no la inocencia, lo que habrá de acreditarse. Es lo que obliga a tratar la acusación como una hipótesis que hay que probar con el necesario rigor. Claro que con una diferencia importante: el proceso penal es una forma de ejercicio (coactivo) del poder estatal, que afecta intensamente a los derechos de las personas sobre las que se proyecta, por eso está rodeado de reglas-límites de derecho.

El proceso penal inquisitivo, del que ya se ha hablado, fue derogado y sustituido por la obra legislativa de los revolucionarios franceses. Pero sería recuperado en buena medida por Napoleón, que introdujo el proceso conocido como *mixto*: instrucción inquisitiva y secreta sin derecho de defensa, y juicio oral acusatorio, público y contradictorio, en el que supuestamente se restablecería el equilibrio entre las posiciones del acusador y el acusado. Supuestamente, porque, como escribió Franco Cordero, «los opuestos no pueden conciliarse». Y el resultado de las actuaciones de la instrucción —obtenido unilateralmente y sin garantías— terminaba por imponerse, convirtiendo el juicio oral en un mero trámite de ratificación de lo actuado en aquella.

El nuevo constitucionalismo convirtió las *garantías procesales básicas* (presunción de inocencia, derecho al silencio, derecho de defensa y a un juicio contradictorio, etc.) en *derechos fundamentales* de obligatorio respeto. Esto, por lo sabido merced a una experiencia histórica, incluso próxima, de los usos aberrantes del proceso penal, con sus terribles consecuencias para los afectados.

En el sistema constitucional, como regla, todo el curso procesal debe estar regido por el *principio de contradicción*. Esto es, abierto desde el inicio a la intervención del justiciable, técnicamente asistido. Y, en él, en rigor, la fase de investigación tendrá por finalidad verificar la existencia o no de datos incriminatorios para, según lo que resulte, dar paso a la acusación formal o al sobreseimiento de la causa. Esto quiere decir que, por norma, la prueba debe *producirse* en el juicio oral y ante el tribunal del enjuiciamiento. Y que solo excepcionalmente podría tener valor probatorio la información obtenida en un momento procesal anterior.

En fin, el principio de contradicción tiene una particularidad central, asimismo de doble vertiente. De un lado, reclama el respeto de los derechos de los implicados en la causa para que puedan aportar a ella todo que fuera de su interés. De otro, esa posibilidad de hacerlo, produce un efecto esencial desde la perspectiva de la calidad del conocimiento judicial. En efecto, pues sabemos por experiencia que «de la discusión sale la luz»; aquí la «verdad procesal» que —en la bella metáfora de Pagano—, como la luz, «fulgura de la oposición de dos cuerpos que chocan el uno con el otro». Porque, si cada parte goza de la oportunidad de introducir como prueba en el juicio todo lo que estime importante para defender su posición en la causa, el juzgador dispondrá de toda la información relevante para decidir. De este modo, sin otra pretensión que la de hacer que prevalezca *su verdad*, aquellas habrán contribuido, objetivamente, a la obtención de la verdad de lo acontecido.

El desdoblamiento del proceso penal en dos fases (de investigación y de enjuiciamiento) responde a una exigencia epistémica: la necesidad de obtener un conocimiento fiable. Para eso se inicia con una actividad de indagación, consistente en elaborar una hipótesis válida acerca de lo sucedido, que será luego evaluada en su calidad explicativa a través del debate, en el juicio. Ello debido a que las hipótesis no se autoconfirman. Por eso, en cualquier campo del saber, deben elaborarse por un sujeto o sujetos en un ámbito y ser luego evaluadas por sujetos diferentes en otro distinto. Es un modo de contrastar la subjetividad introduciendo un momento de intersubjetividad; algo habitual en el campo científico, que también se procura en el procesal.

En el caso de este, operando con criterios de experiencia sobre los datos disponibles en el primer momento (vestigios hallados en el escenario, aportaciones de testigos, etc.), se formulará una primera hipótesis de trabajo acerca de lo que pudiera haber sucedido. Una buena hipótesis será fructífera, aportará nuevos datos, que pondrán en la pista de otros y así sucesivamente. Y, si todos los obtenidos en su apoyo son lo bastante explicativos y de fuentes fiables, la dotarán de plausibilidad suficiente (la harán atendible). Siendo así y de no existir otra que lo sea más, adoptará la forma (jurídica) de acusación que, como tal, dará lugar a la apertura del juicio propiamente dicho.

Para que una hipótesis acusatoria pueda prevalecer deberá:

- Ser internamente coherente:
  - La coherencia es necesaria, pero no suficiente: una hipótesis coherente podría no ser veraz.
  - En cambio, la incoherencia bastará para excluirla.
- Ser congruente con los datos probatorios.
- Estar confirmada por una pluralidad de pruebas: una sola, por lo general, no bastará.
- Comprender y explicar todos los datos relevantes.
- No ser desmentida por alguna contraprueba; bastaría una sola para invalidarla.
- Ser la única realmente plausible, pues si hubiera otra, favorable al acusado, que lo fuera igualmente, deberá prevalecer.

Los hechos penalmente relevantes no suelen ser simples, por eso tampoco lo serán las hipótesis relativas a ellos que, por complejas, deberán desglosarse en diferentes subhipótesis, para operar con cada una según el método indicado. Sin perder nunca de vista el conjunto, pues para que resulten productivas habrán de mantener entre sí una relación de compatibilidad.

En el proceso civil, donde rige el principio dispositivo, cada parte deberá probar los hechos que sirvan de fundamento a su pretensión. De este modo, la que no lo haga, padecerá las consecuencias. En el proceso penal, en cambio, toda la prueba de cargo corre, de manera exclusiva, a expensas de la acusación: el imputado no tiene que probar su inocencia, que se presume. La condena solo puede producirse en el caso de estar acreditada la plena responsabilidad del acusado, de modo que la existencia de datos que abonen una duda razonable acerca de la concurrencia, por ejemplo, de una eximente, aportará un elemento de incertidumbre que solo puede operar en favor de aquel.

Prueba es toda información relativa o relacionada con el hecho perseguido, que, introducida en el proceso de una forma regular, será valorable por el juez. *Indicio* es el nombre que históricamente se ha dado a las informaciones no del todo verificadas, insuficientes, dotadas, por eso, de escaso valor convictivo y de cierto carácter provisional. En el proceso inquisitivo, se tenía por indicio el dato que no permitía atribuir al imputado la autoría del delito pero que, de algún modo, lo relacionaba con él. Por eso, no sirviendo para fundar la condena, sí valía para someterlo a tortura a fin de provocar su confesión. Pero, en realidad, indicio es elemento de prueba, cualquier cosa, circunstancia o comportamiento que *indique*, susceptible, por eso, de aportar alguna información sobre el hecho que se trataría a probar.

Como explica Paolo Ferrua, un hecho puede probarse mediante la narración que lo describe con palabras; produciendo de este modo una prueba *declarativa*, género al que pertenecen el testimonio y el documento. También podrá acreditarse por un medio distinto de la narración que, por tanto, sin describirlo, aportará información de la que, razonando, cabrá extraer conclusiones que permitan saber algo acerca de él; tal es, por ejemplo, el caso de la huella dactilar. A esta clase de pruebas se les llama *críticas* (también indiciarias, y circunstanciales).

En la experiencia procesal se ha distinguido siempre entre pruebas *directas* e *indirectas*. Durante mucho tiempo se llamó directa a la que —era una suposición— pondría al juez en contacto inmediato con el hecho a probar, de modo tal que podría llegar a percibirlo por sí mismo; e indirecta a la que le proporcionaría al juzgador la percepción de un hecho distinto pero propio de su entorno. Un criterio manifiestamente erróneo, dada la inexistencia actual, tanto del hecho delictivo como del probatorio (aun en algún momento hubieran sucedido realmente), y la consiguiente imposibilidad, por tanto, de trasladarlos como tales al proceso.

Hoy se entiende que lo correcto es tener por prueba *directa* a la que versa sobre el hecho principal objeto de la imputación. Por ejemplo, el relato del testigo presencial, que describe el atraco al que asistió personalmente. *Indirecta* será, en cambio, la prueba que, versando sobre un hecho distinto del principal, ofrezca datos relativos a este que sirvan para saber de él. Sería el caso del testigo, no del atraco, sino de la compra del pasamontañas utilizado por el atracador, que facilitaría su identificación.

Aunque no puede perderse de vista que hay un sentido en el que, en realidad, todas las pruebas son indirectas. En efecto, pues relativas a hechos del pasado, se practican en el presente y, además, en su tratamiento, siempre habrá que ir de algún dato conocido a otro u otros que son aquellos que interesa conocer. Algo que concurre también en la testifical —indebidamente tenida en muchos casos por una prueba de fácil evaluación— en la que asimismo deberá procederse por pasos de notable complejidad, que van de la audición del testigo a la conclusión sobre la fiabilidad de sus manifestaciones. Para esto, habrá de atenderse, entre otras cosas, al carácter eventualmente traumatizante de lo presenciado, que suele alterar la percepción; al tiempo de duración de esta; así como al transcurrido hasta el momento de prestar la declaración. Con la particularidad de que la actualización del recuerdo es una actividad compleja, no un acto, sino un proceso. Y las distorsiones o desviaciones pueden producirse en cualquiera de los distintos momentos en los que se articula: observación, almacenamiento de lo percibido, recuperación... Porque, en fin, la memoria no es estática, sino que reelabora su contenido y, actuando *por su cuenta*, podría perder datos que forman parte de este, también podría incorporar otros nuevos. Todo esto tiene especial incidencia en las identificaciones de personas, un tipo de prueba al que tradicionalmente los tribunales le han dado extraordinario valor y del que hoy se sabe está extraordinariamente abierto al error. Hasta el punto de que, con buen fundamento empírico, ha podido escribirse que «el recuerdo defectuoso no es la excepción sino la regla» (Stern). Precisamente, en fechas todavía recientes, ha sido noticia la anulación de tres sentencias condenatorias de Ahmed Tommouhi como autor de gravísimos actos de violencia sexual, realmente producidos, solo fundadas en la —errónea— identificación por las víctimas de estos. (Un caso ciertamente aleccionador tratado monográficamente por Braulio García Jaén, en *Justicia poética*, Península, Barcelona, 2025).

Sirvan todas estas consideraciones, como muchas otras más que podrían hacerse, para poner en cuestión la peligrosa figura del juez oracular, omnisciente, supuestamente habilitado —no se sabe si por razón de carisma— para leer con seguridad en las aportaciones de cualquier fuente de prueba y decidir en *conciencia íntima*, por tanto, sin dar razón del porqué, sobre los asuntos sometidos a su conocimiento. Una figura legalmente vigente durante más de siglo y medio que, con todo, no puede decirse desterrada, pues sobrevive de hecho —contra la Constitución y la ley— en una cierta *cultura* de la jurisdicción que se resiste a abandonar el campo.

LA SENTENCIA

La sentencia es un acto preceptivo del juez que, en el caso de la penal, pone fin a un proceso dirigido a determinar si realmente se habría cometido un hecho delictivo, por quién y en qué circunstancias para, en caso afirmativo, declararlo así imponiendo al autor una pena y la obligación de reparar las posibles consecuencias perjudiciales de su conducta; absolviéndolo en otro caso. Es un acto de poder, con la particularidad de que en él se formula una declaración de conocimiento, presupuesto de la decisión. Un acto cognoscitivo, por tanto, que cierra el interrogante abierto por la denuncia de un hecho punible, sobre cuya existencia y significación se habrá discutido previamente en un juicio.

Según se ha visto, en el marco de las legislaciones decimonónicas, la decisión judicial basada en la íntima convicción del juzgador, era de imposible justificación, de ahí que lo único legalmente exigido fuera la motivación en derecho, esto es, la expresión del porqué de tener o no por delictivos los hechos declarados probados, en aplicación de un precepto del Código Penal. Así se entiende que la prueba de estos, como regla, no fueran susceptible de reconsideración por otro tribunal, que solo podría revisar su calificación jurídica. Hasta el extremo de resultar normal en la jurisprudencia la atribución (literal) al juzgador de primer grado de una auténtica «soberanía» e incluso «imperio» en la valoración de la prueba, que es como decir una forma de poder incontrolable al respecto. Un verdadero dislate, al que, con seguridad, se deben infinidad de condenas injustas.

En la actualidad, puede decirse universalmente consagrado el deber de motivar, es decir, de justificar expresamente las decisiones, como parte del derecho de los justiciables a la tutela judicial efectiva. Y con él también el derecho a la doble instancia, es decir, a que la sentencia, en particular la condenatoria, pueda ser cuestionada ante otro tribunal por el afectado, promoviendo un recurso.

Ambas circunstancias han producido como resultado un cambio sustancial en la estructura de estas resoluciones que, en rigor, deberán ser documentos autosuficientes, capaces de *autoexplicarse* en todos sus extremos, además, en un lenguaje preciso y dotado de la necesaria claridad.

Para ello resulta preciso que lo acontecido en el juicio, esto es, el desarrollo de la actividad probatoria, cuente con un campo específico en el cuerpo de la sentencia, de manera que el destinatario y, en general, el lector, puedan saber de qué fuentes de información habría dispuesto el tribunal y cuáles son los elementos de prueba obtenidos de ellas en cada caso. Además, deberá hacerse explícito el porqué de la toma en consideración o el eventual descarte de alguno o algunos de estos, así como su valoración individualizada y, en un segundo momento, la de conjunto de todo el material probatorio. El conocimiento de las circunstancias del caso, así obtenido, habrá de traducirse en un relato de hechos probados, que los haga inteligibles.

Obviamente, tendrá que dedicarse otro campo específico a la justificación de la calificación jurídica de los hechos declarados probados; comprensivo de la especificación del delito o delitos cuya ejecución se hubiera acreditado, los términos concretos de la autoría, las circunstancias modificativas de la responsabilidad que pudieran concurrir, las consecuencias en materia de pena y, en su caso, de responsabilidad civil.

En fin, el fallo, condenatorio o absolutorio, habrá de incluir todos los extremos de la decisión, para que esta pueda ejecutarse.

Huelga señalar la importancia que en este punto tiene la claridad expositiva, lamentablemente ausente de las sentencias en un alto porcentaje de los casos, por el carácter, con frecuencia, jergal, propio del «hermetismo togado» (Franco Cordero), con incontenible tendencia a expresarse en textos cargados de gerundios, con periodos interminables, en los que no es raro que se pierda o naufrague el sujeto e incluso la acción que se trataría de describir. (Para constancia y buen ejemplo de estas malas prácticas, remito a una providencia del juez Peinado, de 22 de agosto de 2024, en la muy peculiar causa seguida contra Begoña Gómez, con un párrafo de veintisiete líneas sin un punto, además, en buena parte realmente ininteligible. Y esto en un proceso mediático donde los haya, gestionado por un juez con motivos para saberse bajo los focos).

Beccaria escribió que «en todo delito el juez debe hacer un silogismo perfecto: la mayor debe ser la ley general, la menor la acción conforme o no a la ley, la consecuencia la libertad o la pena». Esta interpretación de la sentencia podría entenderse como un ejercicio de ingenuidad. Pero no. En realidad, el autor tenía muy presente el modo de operar del juez del antiguo régimen, su arbitraria discrecionalidad, por eso la pretensión de vincularlo de algún modo por vía del método. En este punto, no hay que olvidar que nadie como él fue consciente de los terribles efectos del modo de enjuiciar vigente en su época, que es lo que le llevó a identificar en la «incertidumbre» acerca del proceder judicial, como fuente de inseguridad que hacía inútil la libertad, «el más cruel verdugo de los desdichados».

La consideración de la sentencia como silogismo, todavía con cierta presencia en la literatura jurisprudencial, resulta francamente inadecuada, porque deja fuera el momento central de la actividad jurisdiccional: la elaboración de las premisas. Pero podría admitirse como modelo normativo referido a la sentencia-documento, es decir, después de construida, donde los hechos acreditados deberán tener perfecto encaje en la previsión legal invocada, como necesario antecedente de la decisión lógicamente derivada de la rigurosa correlación de ambas premisas.

Precisamente para eludir el defecto que aqueja a la tesis de Beccaria, Ferrajoli ha propuesto una alternativa que capta la formación de la sentencia en su dinamismo.

El autor considera que ese proceso debe ser fruto de la correlación de dos inferencias, una inductiva y otra deductiva, más un silogismo práctico. La inferencia inductiva tendrá como premisas el conjunto de las aportaciones probatorias y como conclusión, por ejemplo: Fulano *ha matado* a Mengano. La inferencia deductiva tendrá como premisas esta afirmación y, en el supuesto, la definición legal del homicidio, con el resultado, como conclusión, de que el aserto Fulano «ha matado» habrá de fransformarse en Fulano *ha cometido homicidio*. En fin, el silogismo práctico parte, como premisas, de este pronunciamiento y de la norma que castiga el homicidio con una pena, para concluir que esta deber serle impuesta y se le impone a Fulano como homicida.

Tal manera de concebir la sentencia tiene la ventaja de constituir una propuesta ordenada del *modus operandi* a seguir por el redactor en su elaboración que, para que sea metodológicamente correcta y a fin de evitar saltos lógicos en su desarrollo, deberá discurrir por los pasos de que se ha dejado constancia.

La motivación de la sentencia se ha entendido como un ejercicio de justificación de la decisión previamente adoptada, en la idea de que el proceso decisional del jurisdicente discurriría por una vía más bien intuitiva, no, o no del todo racional, y que su conclusión tendría que racionalizarse, artificiosamente por tanto, en un segundo momento. Pero este modo de ver es francamente inaceptable, en primer término, por lo falaz, por la imposibilidad de convertir en racional el saber obtenido de un modo irracional. Y, sobre todo, porque dada la relevancia para los afectados de las decisiones de que se trata, lo exigible es una *razón* digna de este nombre no solo en el momento mismo de decidir, sino ya antes, desde el inicio, en el tratamiento de los elementos en que tendrían que servir de soporte a la decisión. De tal modo que lo resuelto sea el resultado de un análisis racional de aquellos, controlado todos los pasos de su evaluación, a fin de hacer que lo decidible coincida siempre con lo motivable, para que solo se decida lo susceptible de justificación. Como modo de evitar que, según ha escrito Iacoviello, «las emociones penetren en el juicio». La valoración de la prueba equivale, por tanto, a la formación de la convicción del juzgador. Convicción inevitablemente subjetiva (pues no hay conocimiento empírico objetivo); la garantía de cuya calidad radica en la del método seguido para su obtención, suficientemente explicitada en su desarrollo.

La moderna neurociencia ha acreditado por una vía experimental la enorme relevancia del papel de los sentimientos y las emociones en los procesos decisionales, llegando incluso a atribuir a estas una función de «guía cognoscitiva». Y el más caracterizado de sus exponentes, Antonio Damasio, en una obra expresivamente titulada *El error de Descartes*, ha escrito que «existe una región determinada del cerebro humano en la que los sistemas relacionados con la emoción/sentimiento, la atención y la memoria funcional interactúan de manera tan íntima que constituyen la fuente de la energía tanto de la acción extrema (movimiento) como de la interna (animación del pensamiento, razonamiento)». De este modo, hay que decir que, en contra de lo que ha podido pensarse, la racionalidad pura no existe, que en el juzgador la racionalidad convive con los prejuicios, los sentimientos, las emociones. De ahí la necesidad de que, del bagaje cultural del juez, forme parte una clara conciencia de este dato, como presupuesto necesario para poner en juego las cautelas imprescindibles, y hacer que prevalezca la primera sobre los otros tres elementos del conjunto. Esto requiere —no importa insistir— que el modo de razonar, tanto en el tratamiento de la prueba como en la valoración jurídica de los hechos, sea lo suficientemente explícito y autoconsciente para que el curso decisional no se descontrole.

En la materia, ha gozado de vigencia un tópico según el cual la exigencia a la que acaba de aludirse estaría limitada a la apreciación de las pruebas conocidas como indirectas que, también según un tópico jurisprudencial inaceptable, serían las únicas cuya evaluación exigiría un razonamiento *ad hoc*, supuestamente inexigible en el caso de las pruebas personales, en este modo de ver el asunto, tenidas por directas y de fácil apreciación. Pero el planteamiento no se sostiene, porque el constitucional deber de motivación no admite excepciones, su adecuada observancia debe proyectarse sobre todos los aspectos de la resolución, y las pruebas declarativas tienen obvias dificultades de apreciación, de las que ya se ha dicho.

En ciertos ordenamientos y en la práctica de no pocos tribunales cuenta con notable vigencia la sentencia *in voce*, que se caracteriza porque el pronunciamiento oral del fallo sigue a la celebración del juicio, de forma inmediata o tras una muy breve deliberación. En todo caso, antes de la redacción de la sentencia. Durante un tiempo, esta práctica estuvo reservada para los casos de escasa complejidad, algo distinto de lo que actualmente sucede.

No negaré que existan causas penales de esa clase. Ni que, en ocasiones, por ejemplo, de incontestable ausencia de prueba de cargo, la absolución pueda decirse *cantada* y, en tal sentido, la comunicación oral del fallo no tendría por qué presentar problema alguno. Pero una experiencia personal de casi medio siglo de ejercicio de la jurisdicción, ampliamente contrastada con otros profesionales, me dice que, por su propia naturaleza, la elaboración de la sentencia reclama, no solo una reflexión serena, sino también la interposición de alguna distancia cronológica entre el momento del enjuiciamiento y el de la formación y formalización de la decisión. Porque, generalmente, lo aprehendido por el juez en el acto del juicio es lo más parecido a un cuadro impresionista, de *pinceladas* poco precisas, en una suerte de apreciación de conjunto, que habría que desgranar analíticamente, decantar y perfilar. Pero es que, además, entiendo que el modo de hacerlo con las necesarias garantías de autoconsciencia y racionalidad, debe pasar por someter el propio criterio a la *prueba* de la escritura. Lo dice muy bien el novelista Vila Matas: «escribir es enterarte de la historia que quieres contar, pues al tiempo que escribes eres el primer lector».

Lo que plantea semejante *modus operandi* no es, pues, una simple cuestión de forma. Porque el acto de discurrir sobre la prueba y el de escribir la convicción, en rigor, deben ser vistos como momentos indiscernibles, integrantes de uno y el mismo proceso intelectual; en el que, no es que primero se piense y luego se escriba, sino que la plasmación escrita de lo pensado es parte integrante de la reflexión misma. Y la última y más exigente forma de (auto)control, reclamada, además, por una actividad sumamente delicada por razón de sus consecuencias, en cuyo ejercicio todas las precauciones serán siempre pocas.

Hay también ordenamientos en los que constituye una práctica corriente la delegación por el juzgador de la elaboración de la sentencia en un tercero (de «secretarios de sentencia» se habla en algún caso). Algo, en rigor, ciertamente inaceptable, por lo dicho de que la expresión por escrito de la propia convicción no constituye un añadido meramente instrumental a la formación de la convicción, sino que, como modo de operar, integra un todo uno con esta, es parte del propio proceso cognoscitivo. En efecto, pues la convicción *se ve* (o no) realmente al escribirla. Al extremo de que, diría, hay cosas que, incluso, podrían dictarse pero, sin embargo, operando con honestidad intelectual, no escribirse. Y es que, como ha explicado muy bien Pascal Mercier, en una hermosa novela, *Tren nocturno a Lisboa*: «uno no está del todo despierto cuando no escribe».

En la Europa continental de la segunda mitad del siglo XVIII, el difuso malestar provocado por la brutalidad del proceso penal, hizo que *philosophes* y juristas sensibles a los problemas de la libertad y del poder dirigieran la mirada al jurado popular inglés. No fue difícil idealizarlo. Frente a los jueces profesionales del *ancien régime*, crueles, omnipotentes y lejanos, los ciudadanos-jurados, socialmente próximos al justiciable, ofrecían una imagen sugestiva de serenidad y equilibrio. Es elocuente al respecto el juicio de Duport, que vio en el tribunal popular «una institución primitiva que siente todavía los bosques de los que procede y que respira profundamente la naturaleza y el instinto», en la que «todo se decide por el camino derecho y la buena fe».

Han transcurrido más de dos siglos y la institución del jurado puro goza, en términos prácticos, de muy escasa vigencia real, al extremo de que en Estados Unidos apenas opera en un 5% de los casos.

En su apoyo suele hacerse un uso generoso, con frecuencia demagógico, del argumento democrático. Pero semejante manera de ver el asunto denota una mala comprensión de la naturaleza de la jurisdicción, que no guarda relación, y mucho menos directa, con la democracia política, ya que el juez no debe ser un delegado o representante de la mayoría, ni la administración de justicia un cauce de participación. Su función es *de garantía* de derechos, que, como tutela de momentos de autonomía del sujeto, tiene, según se ha dicho, una ineliminable dimensión contramayoritaria. Por eso, el lugar de su ubicación en el modelo no está en el momento *democrático*, sino en el *de derecho*. Ello no significa ajenidad del juez al dictado de la soberanía popular, que le vincula bajo la forma —ciertamente, genuina— de expresión de esta que es la ley general.

Por tanto, la legitimidad democrática que pudiera connotar al jurado por razón del método de designación de sus componentes, no aporta *nada* de especialmente valorable a la función de juzgar. En esta, el tribunal popular, del mismo modo que el juez, se legitimará o deslegitimará, no por su extracción ni por razón de la investidura, sino *solo* por la calidad del proceso decisional y de la decisión.

Otro de los tópicos de que se ha nutrido históricamente el juradismo es el de la supuesta neta separación de la cuestión de hecho y la de derecho en la experiencia jurisdiccional; lo que permitiría confiar la decisión sobre la primera a los ciudadanos-jurados, no juristas. Sin embargo, hoy sabemos bien que la compleja dinámica del juicio se resiste a semejante tratamiento. En efecto, pues si una conducta debe ser objeto de juicio es, precisamente, por su perfil antijurídico, lo que hace que la dimensión de derecho del enjuiciamiento no pueda dejarse de lado en ningún momento.

Otro lugar común en la materia, es el representado por la afirmación de la existencia de alguna clase de delitos, los conocidos como *naturales*, cuya acreditación, en general, se produciría mediante pruebas (de las mal llamadas) *directas*, lo que en el tópico juradista los haría especialmente aptos para un enjuiciamiento no técnico, a base de puro buen sentido. Mas el argumento, basado en la pretendida *facilidad* de la determinación y valoración de las correspondientes conductas —tópica al respecto la del homicida—, es de una patente inconsistencia, pues lo cierto es que su tratamiento, por ejemplo, en el plano de la identificación de los presupuestos del tipo y grado de culpabilidad no tiene nada de fácil. Pero es que, además, la ley española reserva también al jurado el conocimiento de conductas como las constitutivas de delitos de cohecho y malversación de caudales públicos, normalmente cargadas de densas implicaciones normativas.

La mejor prueba de lo fundado de estas afirmaciones la ofrece el hecho de que, es también el caso de la ley española, los jueces populares están sujetos, por así decir, a la tutela del profesional magistrado-presidente. Al extremo de que este, antes del inicio de la deliberación, deberá ilustrarles sobre «el contenido de la función», esto es, explicarles *cómo se juzga* y el modo en que deberán recoger por escrito su veredicto. Un cometido de imposible realización.

Además, la relación entre ambos integrantes del tribunal de jurado presenta un aspecto ciertamente paradójico, pues quien decide (los jueces populares) no son, por obvia razón de impericia, los encargados de redactar la sentencia, función del magistrado presidente. Que no habrá intervenido en la deliberación y operará a partir de un veredicto extremadamente sintético, inexpresivo, por tanto, en la ignorancia de los antecedentes de aquella. Todo cuando, según se ha hecho ver en lo que precede, la redacción de la sentencia es un momento relevante e inescindible del propiamente decisional.

Creo oportuno recoger aquí una sensatísima observación crítica de Carmignani, que puso de relieve el absurdo que supone privilegiar la ignorancia en la elección del sujeto encargado de llevar a cabo una tarea del grado de dificultad que comporta evaluar las acciones humanas para la posible imposición de una pena. Un paradójico modo de proceder que, a despecho de las dificultades, solo tendría lugar en este campo

Como he tratado de hacer ver, la decisión que cierra el enjuiciamiento ha dejado de ser el fruto de una especie de *motus animae*, de una suerte de palpito, para ser tratada como realmente corresponde, esto es, como una actividad consistente en trabajar con hipótesis sobre algo que podría o no haber sucedido realmente, lo que plantea relevantes e inabdicables exigencias de método. Nada ilustra mejor esta afirmación que el dato de que, por ejemplo, Michele Taruffo pudo escribir una obra ejemplar titulada *La prueba de los hechos*, de unas 500 páginas, dedicada a la materia del título, que no habla de derecho. Por eso, a mi entender, la cuestión no es si el jurado popular cuenta con la aptitud que en algunas leyes se le supone, que obviamente no; sino si los jueces profesionales, por razones de formación y de bagaje, están hoy a la altura de las complejidades técnicas de su cometido en lo que hace al tratamiento de la *quaestio facti*.

Hay una alternativa al jurado puro que es el escabinado, tribunal de carácter mixto, en cuanto formado por jueces profesionales y ciudadanos legos elegidos por sorteo, con una larga trayectoria, por ejemplo, en Italia, Francia y Alemania. Es una opción que me parece cuenta con dos relevantes ventajas. Por un lado, obliga a los primeros a explicarse ante/con los segundos. Por otro, hace posible que un buen número de estos últimos se implique sucesivamente en el quehacer de los tribunales de justicia, comprometiéndose activamente con él: un modo, sin duda, altamente beneficioso de contribuir a generar el imprescindible conocimiento, presupuesto del necesario consenso social en torno a la jurisdicción.

PRISIÓN PREVENTIVA
Y PRESUNCIÓN DE INOCENCIA

El uso de la prisión afecta de la manera más intensa a la libertad (aunque no solo) y, en ese sentido, constituye la clase de intervención pública más radical sobre la persona, de las previstas en los ordenamientos de los países civilizados.

En el proceso inquisitivo la prisión preventiva fue el modo normal de operar judicialmente: «un *prius* necesario para la obtención de las pruebas», según Vittorio Grevi. Lo propio de un orden procesal fundado en la confesión como instrumento primordial de adquisición de conocimiento, en el que, mediante una auténtica «tecnología del cuerpo», se expresaba toda una «microfísica del poder», en la sugestiva interpretación de Foucault.

Una larga evolución, a través de la configuración de la libertad como derecho fundamental, llevaría a la abolición formal de la tortura. Este paso hizo, mucho más tolerable la existencia de la prisión preventiva, pero no despejó todas las perplejidades acerca de la legitimidad del instituto, en el que Beccaria había visto con razón «una especie de pena». Además, pena anticipada.

Consolidada la abolición formal de aquella, establecido un marco procesal —también formalmente— presidido por el principio de presunción de inocencia, la cuestión de la prisión preventiva, de su legitimidad, permanecerá abierta en la cultura jurídica demandando una justificación y recibiéndola de los autores con matices diferenciales, pero siempre con un tinte de claro malestar de fondo en sus manifestaciones al respecto. Malestar que se expresa inequívocamente en el afán de rodear a la práctica de la institución de cautelas de difícil si no imposible puesta en práctica, como lo demuestra la secular experiencia en la materia.

Una postura ciertamente nítida al respecto, fue la de Francesco Carrara, al subordinar su uso a «las necesidades del procedimiento», haciendo hincapié en que «tendría que ser brevísima», que solo sería «tolerable en el caso de graves delitos» y que habría que «procurar suavizarla». Con todo, proclamó abiertamente la injusticia de la institución, si bien como «una injusticia necesaria».

La extraordinaria carga problemática del instituto y las dificultades de su legitimación tuvieron un momento de extraordinaria visibilidad en la Asamblea Constituyente italiana donde, tratando de sortear sus dificultades de convivencia con el derecho a la presunción de inocencia, se optó por reformular este como «presunción de no culpabilidad», enunciado tenido por menos exigente y comprometedor que, al fin, fue a concretarse en el art. 27.1 de la Constitución de 1948 en estos términos: «El imputado no se considera culpable sino hasta la condena definitiva».

La evidencia de lo problemático de este instrumento está, pues, bien presente en la conciencia de los juristas y tiene traducción en la exigencia de que su uso solo tenga lugar por razones estrictamente procesales (evitar el riesgo de fuga y la destrucción de pruebas) y no propiamente penales. Así, es un tópico de la jurisprudencia constitucional que la prisión preventiva no deberá operar como pena, aunque nunca se explica cómo podría evitarse que lo haga. Cuando, además, el régimen carcelario de los sujetos a esta medida suele ser incluso más duro que el de los propios penados con sentencia firme.

Así las cosas, lo cierto es que la prisión preventiva como institución del proceso penal convive, en abierta contradicción, con el derecho fundamental a la presunción de inocencia en todos los ordenamientos. Y no solo, porque su aplicación ocupa un problemático lugar central en las prácticas jurisdiccionales de la generalidad de los países. En los que esta real anticipación de la pena, con su imposición inmediata a los tenidos por autores de ciertas infracciones, hace tolerable en la opinión el retraso de las sentencias condenatorias, sobre todo, tratándose de los delitos generadores de la llamada «alarma social». Insidiosamente utilizados como fáciles movilizadores de una demanda social de rigor en el uso de la prisión preventiva, hoy reforzada forma preocupante por causa del muy extendido populismo punitivo que invade las redes sociales.

Luigi Ferrajoli es el autor que ha llevado hasta sus últimas consecuencias la crítica de la prisión preventiva, como resultado de un consistente ejercicio de rigor en la denuncia de la inconsistencia lógica y también técnico-jurídica de los argumentos habitualmente empleados para su justificación. Y de la denuncia, asimismo, del modo en que opera un *statu quo* procesal consolidado *de facto*, en gran medida, al margen del derecho. Y ha escrito al respecto que «los principios ético-políticos, como los de la lógica, no admiten contradicciones, so pena de su inconsistencia: pueden romperse, pero no plegarse a placer».

En vista de lo expuesto diría que, si la vigencia de la prisión preventiva plantea, en el plano teórico, el problema ciertamente trágico apuntado por Ferrajoli, por lo mismo, su aplicación legalmente obligada en ciertos casos, debería representar para el juez y el fiscal un verdadero dilema ético-jurídico de intensidad equivalente. Pues bien, así las cosas, creo que, en semejante tesitura, el juez y el fiscal sensibles al juego de los mejores principios tendrían que vivir esta clase de situaciones con una inevitable *mala conciencia*, llamada a operar, como última garantía no escrita del imputado, limitando al máximo el uso del terrible instituto.

El 23 de febrero de 2026, el eurodiputado de VOX Jorge Buxadé, para hacer frente con eficacia a la delincuencia (principalmente de los extranjeros), propuso hacer las «cárceles incómodas», lo que constituye una explícita, obscena reivindicación de la tortura. Sin contar con el indisculpable desconocimiento del medio que implica suponer que las cárceles realmente existentes son *cómodas*.

L a difusión del uso de la inteligencia artificial (IA) en las prácticas judiciales forma parte de la globalización neoliberal. Y no es casual la procedencia estadounidense del fenómeno, habida cuenta de las peculiaridades de su cuestionable modelo de justicia criminal. Por cierto, hablar aquí de «modelo» es todo un sarcasmo, tratándose de un país con la tasa de encarcelamiento más alta del mundo, donde la mayoría de los condenados lo han sido sin juicio, donde, según Matt Taibbi (que escribía antes de la ominosa era Trump), se vive en situación de redada policial permanente, y donde las prisiones privadas son una excelente fuente de negocios… en continua expansión.

El más potente argumento en apoyo de la difusión de esas técnicas es que potenciará extraordinariamente la eficiencia de las instituciones del sistema de justicia penal. Es obvio, en sus actuales (profundamente injustas) constantes. Y la principal aportación se cifra en el uso de técnicas computerizadas de recolección masiva, procesamiento y utilización de datos; mediante las que la IA y el algoritmo penetran en las raíces mismas del proceso penal, de la investigación policial a la actuación judicial en todos sus planos; en una perspectiva *ante delictum* y *post delictum*. Son técnicas dirigidas a potenciar la eficacia del vigente problemático sistema preventivo-represivo, a través de la utilización de patrones de comportamiento y decisionales.

En el medio policial, las nuevas tecnologías se emplean para computerizar la información acumulada en los archivos de esa clase y para mapear el campo de actuación según los niveles de riesgo. Y se concretan, de manera especial, en la realización de reconocimientos faciales mediante algoritmos, en modalidades de vigilancia panóptica y de geo-localización muy eficaces, en el registro y secuestro de documentos informáticos, en la utilización de nuevos potentísimos instrumentos de injerencia en la intimidad y en el secreto de las comunicaciones sumamente incisivos.

En el medio judicial, son de especial aplicación las valoraciones predictivas, según perfiles estándar, destinadas a medir la peligrosidad, de cara a las actuaciones policiales de prevención, para evaluar el riesgo de fuga en sede cautelar, para la individualización de la pena, la adopción de medidas de seguridad y la aplicación o no de alternativas a la prisión.

En el marco de la actividad probatoria, entran en juego medios de investigación de alta complejidad, otros utilizados para la prognosis sobre el rendimiento de algunos elementos de convicción, para la evaluación de la fiabilidad de los testigos, la interpretación de la gestualidad y para testar la coherencia o la contradictoriedad de los datos disponibles.

En el ámbito decisional, existen protocolos estandarizados de juicios, programas de tratamiento sistematizado de precedentes jurisprudenciales y otros idóneos para sugerir las soluciones más convenientes a tenor de las particularidades del caso.

El uso de los nuevos instrumentos de referencia responde a una lógica mercantil. En efecto, pues los algoritmos predictivos, los instrumentos de vigilancia electrónica, los sistemas de geolocalización, los captadores de datos informáticos y los sistemas de control de las comunicaciones, pertenecen a empresas privadas que los explotan con el único fin de obtener beneficios. Son entidades que producen la tecnología y, en consecuencia, disponen del *know how* y del *software*, manteniéndolos en secreto, como instrumentos patentados.

Un efecto esencial y altamente negativo de la titularidad y el consiguiente régimen de los medios de que se trata, es la consistente pérdida de parte importante de su naturaleza pública por el proceso penal. Debido a la titularidad y el régimen de utilización netamente privados de actuaciones relevantes en extremo para la actividad jurisdiccional. Lo que implica una cierta forma de colonización de esta por parte de entidades que operan en el mercado y según la (única) lógica del beneficio.

El resultado es una grave erosión de las reglas del debido proceso: por el carácter no igualitario del algoritmo, a causa de la constatada incidencia de sesgos discriminatorios de diversa índole en su elaboración; por la ya señalada falta de transparencia en su uso; y por la difícil si no imposible compatibilidad del derecho de defensa con el régimen de propiedad de estas técnicas. Asimismo, la opacidad de las fuentes de conocimiento dificultará la motivación de las resoluciones.

Además, con la generalización del uso de los modelos estadísticos en función predictiva, perderá relevancia la apreciación de las circunstancias del hecho concreto y las personales del posible autor. Ello, debido a la sobrevaloración de datos estandarizados relativos al pasado y referentes a clases de sujetos. Por eso, no está fuera de lugar el señalamiento del riesgo de que, por esta vía, vaya a producirse un peligroso resurgimiento del tipo penal de autor, característico de la nazi Escuela de Kiel, orientado a la persecución de categorías de personas, en función de su perfil y en régimen de incontrolable discrecionalidad, y no de concretas acciones taxativamente descritas en el Código Penal como delito.

El Parlamento Europeo, en abril de 2022 emitió un informe sobre la utilización de la IA en el proceso penal. En él previene frente al exceso de confianza que pudiera suscitar la apariencia de objetividad en el uso de tales herramientas. También considera imprescindible el acceso de las partes a la recopilación y evaluación de datos. Así como que los algoritmos de uso sean explicables, transparentes y controlables; comprensibles para los usuarios y las personas afectadas, que deberían disponer de información al respecto, en lenguaje claro e inteligible; y que los sistemas sean auditables.

De particular interés es también la *Carta Ética Europea sobre el Uso de la Inteligencia Artificial en los sistemas Judiciales*, elaborada por la Comisión Europea para la Eficiencia de la Justicia. Este texto fija como principios generales: que los instrumentos de la IA no violen los derechos fundamentales procesales, que no reproduzcan o agraven las discriminaciones. Que usen solo datos elaborados con método interdisciplinar, procedentes de fuentes certificadas. Que se haga en ellos una utilización transparente, imparcial y correcta del código fuente y de la documentación de soporte de los programas, de modo que los usuarios sean sujetos informados. Señala que los instrumentos de que se trata son susceptibles de un uso positivo, en la medida en que pueden potenciar la capacidad cognoscitiva del ser humano, pero que, aplicados al proceso penal, pueden generar grandes riesgos porque: afectan seriamente a derechos; introducen en el ordenamiento jurídico una lógica empresarial; y condicionan el futuro como lineal continuación del pasado. En cualquier caso, concluye, las nuevas tecnologías nunca podrán igualar la inteligencia humana, en lo que se refiere a la comprensión y la interpretación de textos y en cuando a capacidad crítica.

Las advertencias de la *Carta* son del todo pertinentes; como, en particular, estas dos últimas observaciones, pues los algoritmos no pueden ser adiestrados en la práctica de la duda, ni captar ni perseguir valores en toda su pluralidad de matices. Algo de singular relieve en el caso de su aplicación a la materia de que se trata, cuando sucede que el orden jurídico constituye un sistema dotado de sentido, inspirado en principios, orientado a fines, en permanente evolución a tenor de las realidades sobre las que opera. Y cuando la interpretación es una atribución de significado, a tenor de las particularidades del conflicto al que se trate de dar solución y del contexto de referencia.

En definitiva, para que la incorporación de las nuevas tecnologías de las que se ha hablado pudiera producir efectos positivos en su aplicación a la administración de la justicia penal, tendría que ir necesariamente precedida de una verdadera revolución capaz de dotar de vigencia real a la cultura constitucional de la jurisdicción en las prácticas procesales, como modo de prevenir y neutralizar los riesgos, ciertamente preocupantes y nada teóricos, a los que se ha hecho referencia.

¿PUEDE LA SALA DE AUDIENCIAS CONVERTIRSE EN PLATÓ?

El secreto ha sido durante siglos —siglos particularmente oscuros del proceso penal— la atmósfera, puede decirse, *natural* de la justicia. Por eso, abrir las puertas y ventanas de los tribunales fue una histórica reivindicación que llevó, al fin, a la consagración del principio de publicidad como garantía del justiciable, por considerar, en la feliz expresión de Bentham, que esta es «el alma de la justicia».

Así planteado, el asunto sería por completo pacífico, en su patente racionalidad. Pero cuando, tras de la apertura de las salas de audiencia, comenzaron a hacer acto de presencia en ellas los medios de comunicación, el tema adquirió una dimensión problemática, por la necesidad de conciliar la publicidad (que en el proceso es esencialmente una garantía del justiciable) con el derecho del ciudadano a la información, cuyo ejercicio sin límites podría resultar, como resulta, especialmente gravoso para aquel y no solo.

Así, la publicidad propiciada por la prensa escrita y, en general, por los medios tradicionales, fue ya causa de alguna preocupación. Pero sus efectos no tienen nada que ver en intensidad con los que actualmente se derivan, sobre todo, del medio por excelencia: el televisivo. Entre otras cosas, porque aquella tenía una proyección social más bien moderada, que, además, carecía prácticamente de reflejo en el ámbito del proceso, debido a que los *media* eran receptores más bien pasivos de los datos relativos al hecho judicial noticioso, formado de manera autónoma en su propio espacio.

Ese estado de cosas ha experimentado un cambio radical. En efecto, pues, si en esa primera época, el de publicidad como principio del proceso tenía por objeto neutralizar o, cuando menos, limitar de forma sensible la irrefrenable tendencia del poder a actuar en la opacidad; lo que registra la realidad social en acto, con la TV en particular, es la presencia de todo un *poder de información y formación de la opinión pública*, movido por una lógica político-empresarial difícilmente contrastable, con directa, en ocasiones grave incidencia contaminante del proceso mismo.

La respuesta positiva a la pregunta del epígrafe suele apoyarse, por un lado, en la idea de que, si la publicidad es buena para el proceso, cuanta más mejor. Y en la de que la imagen televisiva es fiel transmisora de la realidad, sin distorsiones. Pero nada de esto es cierto. Porque *más* publicidad no equivale a publicidad adecuada y todavía menos a una publicidad mejor. Y porque la imagen televisiva es un producto sintético, fruto de otro proceso: el de captación selectiva y montaje o elaboración de la imagen, que no tiene nada de neutral. En la medida en que, por ejemplo, el manejo del zoom y los encuadres ofrecerán, como ofrecen, una perspectiva que no sería en modo alguno la del espectador directo. Es por lo que la formación de la imagen y su utilización tienen un carácter instrumental que se presta a muy distintos usos, no necesariamente legítimos ni directamente informados por el sentido constitucional del derecho a la información. Tanto es así que Glauco Giostra ha podido denunciar con razón «el riesgo […] de que la noticia pueda acabar por cumplir, paradójicamente, la misma función del secreto: esto es, impedir un análisis crítico de aquello de lo que se trata».

Y no solo, pues la cámara puede ser también instrumento de acciones netamente antijurídicas, conculcadoras de derechos tan fundamentales como el del acusado a comunicarse reservadamente con su abogado. Valga un ejemplo: durante la transmisión televisiva en directo de las sesiones de un procesos de seguimiento masivo en España, por razón de la truculencia de los hechos, el conductor del programa (uno de esos de ínfima calidad y de gran audiencia) estuvo asistido de un experto en la lectura de los labios, que llegó a traducir, incluso, las conversaciones que el imputado —que ocupaba un asiento junto a su letrado— en uso de su derecho de defensa, mantenía privadamente con este, durante el desarrollo de la vista. La retransmisión televisiva incide, así, de forma altamente perturbadora en la propia dinámica o desarrollo de la vista pública. Porque, inevitablemente, transforma el papel del juez o presidente del tribunal que, director del juicio, tendrá que convertirse, además, en director de escena, controlando el uso de las cámaras y protegiendo de estas a personas que, llamadas a testificar, no tendrían por qué soportar el gravamen de la difusión masiva de su imagen y de su intervención. Sin contar con la contravención de la norma legal, de general vigencia, de separación entre testigos, dirigida a evitar la contaminación que el conocimiento de las manifestaciones de unos, pudiera inducir en el contenido de las de los demás, que declaren con posterioridad. A todo lo hay que añadir la burda, torpe y gratuita espectacularización de momentos relacionados con el proceso, como las entradas y salidas de las salas, preferentemente del imputado entre policías y esposado, aplastado, incluso físicamente, por los portadores de las vídeocámaras, en un morboso afán de trasladar al público espectador de los habituales programas de telebasura, el inevitable gesto de turbación, desolación o agobio, literalmente robado y, no pocas veces, con uso de auténtica violencia, debido a lo que suele ser un verdadero acoso físico.

Por otro lado, aunque siempre en la misma línea, es de señalar que, tratándose del proceso penal, los momentos que suscitan el mayor interés mediático son, precisamente, aquellos iniciales, los de la mera *notitia criminis*, cuando el conocimiento de lo sucedido es más precario y, además, afecta a un sujeto amparado por la presunción de inocencia.

Todas estas consideraciones y muchas otras que podrían hacerse, han dado lugar a que ordenamientos como el alemán hayan optado por vetar el acceso de las cámaras de televisión a las salas de juicios.

En este momento, a la fuente de riesgo para la correcta información sobre las actuaciones que acaba de examinarse, se suma la constituida por las redes sociales. Con ellas, la *información* televisiva entra en un nuevo circuito en el que —a la pobreza cultural y precariedad de los contenidos obtenidos a través del medio por excelencia— se añade la clase de tratamiento degradante que tiene, en este nuevo instrumento, el recurso ideal para la intervención instantánea, irreflexiva, presidida por el desconocimiento y la improvisación y favorecida por el anonimato. El más apto, pues, para dar fácil salida a masivas tomas de posición, connotadas por la frivolidad, en clave emocional, sin el menor filtro. Todo en un lenguaje que, además, sufre un acusado proceso de degradación progresiva. El resultado, como no podría ser de otro modo, es una especie de bucle fatal. Con la particularidad de que sus contenidos, literalmente *vuelan* de un modo incontrolable, generando amplísimos climas de opinión que no pueden dejar de ser fortísimamente condicionantes. Y a los que no será fácil que se sustraigan los eventuales juzgadores, en particular, los posibles futuros integrantes de tribunales de jurado. Todo, con el consiguiente perjuicio de los afectados.

Como no podría ser de otro modo, el producto inmediato de esa clase de ejercicios de *interlocución* masiva es un reforzamiento del preocupante fenómeno de los juicios paralelos; y, por si esto no bastase, de la intensificación de su *sumariedad*, hasta el punto de que *las condenas* (en ellos se desconoce la inocencia como hipótesis) se producen en un tiempo (más que) real.

Según pone justamente de relieve Guzmán Fluja, el uso de las redes sociales ha traído consigo la emergencia de un nuevo tipo de creadores de opinión, los llamados *influencers*, cuyo prestigio suele tener fundamento en los factores más dispares, por ejemplo, de estética, y a los que su posición en ese mercado habilita para expresar y formular cualquier clase de criterios, sobre cualquier cosa. Eso sí, siempre a un ritmo objetivamente incompatible con la reflexión. Es lo que con harta razón ha llevado a Antonio Muñoz Molina a hablar de «redes fecales»; y a Nuccio Ordine a denunciar «una infección de tonterías». Aunque, lo de «tonterías» sería una forma edulcorada de calificar las burdas expresiones de penal-populismo que habitualmente invaden la Red, en la materia que nos ocupa.

Tratándose, como debía tratarse, de dotar de transparencia a un relevante ejercicio de poder, es claro que hay que hablar de una necesidad y una demanda de información y formación de la opinión pública en la materia, digna de ser atendida. Pero es que, además, hoy, cuando son muchos, muchísimos, los asuntos conflictivos de intensa relevancia política de los que conocen los tribunales, aquella necesidad y demanda, no hay duda, merecen una atención especial y deben ser razonable y eficazmente atendidas.

Mas no solo es que el ciudadano tenga derecho a saber y opinar en la materia, es que también quienes administran justicia deben ser conocedores del modo como sus decisiones se proyectan e inciden en el entorno social de su actividad, porque el ejercicio de la jurisdicción no dejará nunca de ser también una forma de interlocución con la ciudadanía; en relación con la que debería ejercer una función didáctica. A esto, precisamente, se orienta, en una de sus perspectivas, la motivación de las resoluciones en su actual sentido constitucional.

Ahora bien, como ha puesto de relieve Jürgen Habermas, una cosa es atender a esta vertiente del asunto y otra promover una aproximación a él en la clave propia de la cultura de masas, que conduce a la ya aludida frívola espectacularización de los casos que se ventilan en los tribunales, movida con fines comerciales, para divertimento de los consumidores.

En efecto, pues, lamentablemente, es esta la perspectiva que impera en los medios televisivos con mayor capacidad de influencia. Circunstancia profundamente inadecuada frente a una instancia como la judicial, cuyas decisiones, por la particular naturaleza de la función, deberían ser abordadas y analizadas con exquisito sentido de la responsabilidad. Esto es, con conocimiento de causa, en el respeto de los principios informadores del proceso penal, con la máxima objetividad en la presentación de los datos, con rigor en la aproximación a los criterios de principio subyacentes a la aplicación de la ley al caso, promoviendo y propiciando actitudes reflexivas en el abordaje de los problemas por parte de los destinatarios de la información.

No es lo que hay, a pesar de tratarse de algo imprescindible en términos de cultura constitucional y democrática. Y si hubiera que ilustrar esta afirmación, no precisamente optimista, con un ejemplo, bastaría señalar el hecho de que la evidencia de gravísimos actos de corrupción política, tratados en sede judicial como delito, aun mediando condenas por sentencia firme, suelen carecer de influencia, desde luego, de la influencia que objetivamente merecerían, en el sentido del voto. Lo que da una idea de cuáles son los *valores* que priman *de facto* en el *mercado* de la noticia objeto de estas reflexiones.

Como he dicho en lo que antecede, Glauco Giostra, con admirable sutileza, ha puesto el dedo en la llaga que lacera el oficio de juzgar, al calificarlo justamente de tarea «necesaria» e «imposible» al mismo tiempo. Lo primero por una pulsión esencialmente pragmática, objetivamente experimentada por cualquier grupo humano, constreñido a prevenir o sancionar aquellas conductas que podrían poner en riesgo su estabilidad o incluso su subsistencia como tal. Lo segundo por lo impracticable de la tarea, si tuviera que ser abordada del modo y con la profundidad que reclama la singularísima naturaleza del *objeto*. Pues, ¿cómo evaluar justamente conductas humanas prescindiendo de todas sus causas de fondo, incluidas las que hunden sus raíces en la profunda injusticia social? ¿Y cómo hacer viable en términos prácticos un juicio comprensivo de estas? Por eso, no puede ser más afortunada la imagen elegida por el autor para representar el juicio penal: la del «puente tibetano». Una estructura extremadamente frágil, insegura, en un equilibrio siempre inestable, regularmente tendida sobre el abismo… Aquí, el metafórico que ciertamente se abre bajo el estrado del juez, constreñido a operar en/con la superficie de problemas cuyas raíces se hunden en lo profundo de la existencia de la persona. Allí donde radica el «santuario del misterio individual, la esencia misma del justiciable», en expresión de Miguel Torga.

Si la función que nos ocupa tuviera que ejercerse con la intensidad reclamada por tal inabarcable dimensión de la conducta, creo que su protagonista experimentaría una desoladora sensación de desamparo, por lo ingente de la responsabilidad de enjuiciar, en el caso, pero a la vez, simbólicamente, en cada una, a todas las personas; circunstancia que lo sumiría en una agobiante soledad y haría impracticable su tarea. Por eso, el imprescindible pacto con la realidad, para circunscribir su ejercicio dentro de ciertos límites, de cuyo horizonte, no obstante, nunca debiera desterrarse aquella inquietante perspectiva, como freno a tan posibles como fáciles, deshumanizadoras degradaciones burocráticas. Algo en lo que, creo, pensaba Leonardo Sciacia al defender que «el poder de juzgar [...] debería tener la raíz en la repugnancia a juzgar, en el precepto de no juzgar, y asumirse como una dolorosa necesidad, un continuo sacrificarse a la inquietud de la duda».

Cabe, en fin, que alguien vea contradictorio postular, como se ha hecho, una actividad de enjuiciamiento esencialmente presidida por la duda, para llegar a una decisión fundada en la certeza (siempre relativa). Pero no hay tal: es una cuestión de método. Se trata partir de la neutralidad que asegura un reflexivamente adoptado *no saber*, un prescindir de lo que pudiera personalmente *saberse* en el punto de partida, para empezar a conocer y seguir conociendo, siempre con *pies de plomo* y la disposición a rectificar cuantas veces fuera preciso por la emergencia de nuevos datos. Todo mediante una apreciación desinteresada, racional y racionalmente justificable, de los elementos de juicio disponibles, obtenidos conforme a derecho.

La apuntada al comienzo de estas últimas consideraciones, es una dimensión trascendente que, a mi juicio, contaría con un reflejo en otra más próxima, propiamente jurídica, y ciertamente explorable. La desvelada por Luigi Ferrajoli al subrayar que el quehacer jurisdiccional, formalmente sujeto a la legalidad, no lo estará nunca del todo, ya que esta no cubre en su totalidad el perímetro de la decisión. Es una circunstancia que, *de facto*, confiere al juez un inevitable coeficiente de extrapoder personal, «poder de disposición», teñido de ilegitimidad por esa carencia de cobertura. Un dato que debería generar en él una reflexiva tendencia a la humanización del juicio, mediante el serio esfuerzo de «comprensión equitativa» de las circunstancias específicas del sujeto afectado por la decisión.

INDICACIONES BIBLIOGRÁFICAS

Andrés Ibáñez, P., *Tercero en discordia. Jurisdicción y juez del estado constitucional*, Trotta, Madrid, 2015.

Andrés Ibáñez, P., *Justicia penal. De principio y prácticas*, Eolas, León, 2022.

Beccaria, C., *De los delitos y de las penas*, edición bilingüe al cuidado de P. Andrés Ibáñez, texto italiano fijado por G. Francioni, trad. de F. Laplaza, prólogo de P. Calamandrei, Trotta, Madrid, 2011.

Atienza, Manuel, «Virtudes judiciales. Sobre la selección y la formación de los jueces en el estado de derecho», en Íd. *Cuestiones judiciales*, Fontamara, México, 2001.

Calamandrei, P., *Proceso y democracia*, trad. de H. Fix Zamudio, Ediciones Jurídicas Europa-América, Buenos Aires, 1960.

Calamandrei, P., *El provenir de los derechos de libertad*, trad. de P. Andrés Ibáñez, Eolas, León, 2023.

Carnelutti, F., *Las miserias del proceso penal*, trad. de S. Sentís Melendo, Ediciones Jurídicas Europa-América, Buenos Aires, 1959.

Castresana, C., *Bajo las togas. Errores judiciales y otras infamias*, Tusquets, Barcelona, 2025.

Fernández López, M., «La valoración judicial de las pruebas declarativas», *Jueces para la Democracia. Información y debate*, 64 (2009).

Ferrajoli, L., *El paradigma garantista. Filosofía crítica del derecho penal*, edición de D. Ippolito y S. Spina, revisión de la edición española de A. Greppi, Trotta, Madrid, 2018.

Ferrer Beltrán, Jordi, *La valoración racional de la prueba*, Marcial Pons, 2007.

Forza, A., Menegon, C., Rumiati, R., *El juez emotivo. La decisión judicial entre emoción y razón*, trad. de M. Aramburo, Marcial Pons, Madrid, 2024.

Gascón Abellán, M., *Los hechos en el derecho. Bases argumentales de la prueba*, Marcial Pons, Madrid, 1999.

Giostra, G., *La justicia penal. Principios y cuestiones nucleares*, trad. de P. Andrés Ibáñez, Palestra Europa, Lima-Madrid, 2025.

González Lagier, D., *Emociones y sentimentalismo. Sobre las emociones y las decisiones judiciales*, Palestra, Lima, 2020.

Ippolito, D., *El espíritu del garantismo. Montesquieu y*

el poder de castigar, prólogo y traducción de P. Andrés Ibáñez, Trotta, Madrid, 2018.

Mazzoni, G., *Psicología del testimonio*, trad. de A. Moreno, Trotta, Madrid, 2011.

Radbruch, G., *Introducción a la ciencia del derecho*, trad. de L. Recasens Siches, prólogo de F. de los Ríos, Editorial Revista de Derecho Privado, Madrid, 1930.

Taruffo, M., *Simplemente la verdad. El juez y la construcción de los hechos*, trad. de D. Accatino, Marcial Pons, Madrid, 2020.

Con este libro he buscado hacer alguna luz sobre la jurisdicción penal señalando, primero, que participa de la profunda injusticia que reina en nuestra sociedad. Además, que las rutinas burocráticas que la lastran siguen alimentando en ella el galdosiano «infierno de papel sellado», tan maltratador. Que, no obstante, el vigente modelo constitucional en la materia consagra una línea de principios que, de ser rigurosamente observados, paliarían notablemente el déficit de humanidad de sus prácticas. Pero que, para ello, quienes la gestionan deberían estar impregnados de una conciencia del problema y de una sensibilidad que no se promueve y que, por eso, en no pocos casos, lamentablemente, falta.

COLECCIÓN DE LA BELLEZA

1. *La belleza de los muertos* · Ildefonso Rodríguez
2. *La belleza en la infancia* · Elisa Martín Ortega
3. *La belleza de lo pequeño* · Tomás Sánchez Santiago
4. *La belleza de los jardines* · Darío Álvarez
5. *La belleza del afuera* · Jorge Praga
6. *La belleza del vagar* · Gonzalo Abril
7. *La belleza de lo oculto* · Daniel V. Villamediana
8. *La belleza de los locos* · Fernando Colina
9. *La belleza del caminar* · Avelino Fierro
10. *La belleza de las cosas* · Marijose Tobal
11. *La belleza de traducir... poesía* · Natalia Carbajosa
12. *La belleza del barrio* · Ruth Miguel Franco
13. *La belleza del recuerdo* · Luis Gonzalo Díez
14. *La belleza de la ciencia* · José Manuel Sánchez Ron
15. *La belleza de lo anómalo* · Juan Carlos Arnuncio
16. *La belleza de la materia* · María Ángeles Pérez López
17. *La belleza de lo bienaventurado* · Asunción Escribano
18. *La belleza de los cuentos* · José María Merino
19. *La belleza de la urraca* · José Manuel Suárez
20. *La belleza de la huella* · José Luis Puerto
21. *La belleza de la escritura* · Miguel Casado